LA CHINE

DEPUIS LE TRAITÉ DE NANKIN.

PARIS

TYPOGRAPHIE PANCKOUCKE

Rue des Poitavins, 8 et 14

1859

LA CHINE

DEPUIS LE TRAITÉ DE NANKIN.

PARIS

TYPOGRAPHIE PANCKOUCKE

Rue des Poitevins, 8 et 14

1853

LA CHINE

DEPUIS LE TRAITÉ DE NANKIN.

I.

Le traité de Nankin du 29 août 1842, en terminant la guerre des Anglais avec la Chine, a fait entrer le Céleste Empire dans une phase toute nouvelle et a presque abattu les murailles qui le séparaient du reste du monde. De ce moment date l'attention que l'Occident, lié désormais avec la Chine par des intérêts religieux, politiques et commerciaux, prête d'une manière soutenue aux destinées de ces vastes et populeuses régions. L'insurrection, la guerre civile qui les déchirent, les conséquences que ces deux fléaux peuvent avoir, nous ont semblé mériter l'examen de leur origine, de leur caractère et de leur portée.

Au 14e siècle, Pékin était la capitale de l'empire, gouverné alors par la dynastie étrangère des Mongols, fondée par Koublai-Khan, petit-fils de Gengis-Khan.

Les successeurs de cet homme célèbre, créateur de l'une des merveilles de la Chine, du grand canal impérial, ne marchèrent pas sur les traces de leur aïeul ; leur conduite donna lieu à des abus et fit éclater des soulèvements partiels qui bientôt se changèrent en une insurrection générale. Elle eut pour chef un simple bonze nommé Tchou, prêtre de Boudha, qui, par son habileté, parvint, au bout de quelques années, à se faire proclamer empereur. Il s'établit à Nankin et fonda la dynastie chinoise des Minn, qui dura 276 ans, et dont les insurgés d'aujourd'hui invoquent la gloire et la nationalité.

Les dynasties, comme les nations, se perdent rarement autrement que par leurs propres fautes. Pour s'en convaincre, on n'aurait qu'à examiner l'état de la Chine pendant les cinquante dernières années qui précédèrent l'établissement définitif de la dynastie actuelle des Tartares-Mantchoux. Tout ce que les soi-disant partisans de l'ancienne dynastie nationale disent ou écrivent aujourd'hui contre le gouvernement actuel de la Chine s'appliquait avec plus de raison aux derniers empereurs de la dynastie des Minn et à tous leurs fonctionnaires. Ce ne sont pas, d'ailleurs, les Mantchoux qui mirent fin à la dynastie des Minn. Durant le règne de son dernier représentant, chaque province avait son prétendant au trône, et ce fut l'un d'eux, Li, Chinois d'origine qui, ayant attaqué Pékin, où les successeurs de Tchou avaient transféré le siége de leur gouvernement, fut la cause de la mort du dernier empereur des Minn. Celui-ci, après avoir poignardé d'abord sa fille, se pendit lui-même en 1643. Pékin devint la proie de l'usurpateur ; mais Ou, le plus considérable des généraux chinois, refusa de reconnaître le nouveau souverain; il appela à son aide une armée des Tartares-Mantchoux, qui, commandés par Tien-Tsong, passèrent le fleuve Leao, limite de la Mantchourie de la Chine proprement dite, se réunirent à l'armée chinoise du Ou et s'emparèrent sans difficulté de la capitale de l'empire. Le fils de Tien-Tsong fut le premier empereur de la dynastie actuelle sous le nom de Chouen-Tché.

L'établissement de la dynastie encore régnante fut un véritable bienfait pour le pays, et le peuple chinois l'accueillit d'une manière presque unanime. En effet, les tribus des Tartares-Mantchoux, décorées du nom de nation, n'ont jamais dépassé 4 millions d'âmes, et la Chine comptait déjà, il y a deux cents ans, plus de 100 millions d'habitants. L'armée des Mantchoux n'atteignait point le nombre de 300,000 combattants, mais ces soldats pasteurs avaient l'avantage d'être gouvernés par un pouvoir fort et résolu. La résistance la plus vive et la plus longue fut opposée aux Mantchoux dans les provinces maritimes du Kouang-Tong et du Fo-Kien, c'est-à-dire à l'extrémité sud-sud-est de l'empire, où s'étaient réfugiés les descendants de la dernière dynastie des Min; et elle doit être attribuée, en très-grande partie, à l'idée qu'eut Chouen-Tché d'imposer définitivement aux vaincus jusqu'à un signe de servitude qui frappe toujours les Européens : nous voulons parler de la longue tresse de cheveux pendante que portent les Chinois, et qui n'est qu'une coutume tartare. Bien des milliers de têtes tombèrent pour n'avoir pas voulu se soumettre à cette mode bizarre.

Mais les dissensions, les rivalités des princes et de généraux chinois firent bientôt triompher l'unité de vues et de commandement des Mantchoux. Qu'on juge d'ailleurs du sort du peuple chinois sous le règne éphémère des usurpateurs et des prétendants nationaux. Un d'eux, nommé Tchang, fit appeler aux examens jusqu'à 10,000 lettrés, et ordonna ensuite de les faire périr, sous prétexte que par leurs sophismes ils inspiraient la révolte au peuple. De telles cruautés firent recevoir, presque partout, les Mantchoux comme libérateurs.

L'aîné des fils du dernier empereur de la dynastie des Minn avait déjà succombé dans les rangs des insurgés ; l'usurpateur Li fit mettre à mort ses deux jeunes frères. Un neveu du treizième empereur de cette dynastie fut proclamé empereur à Nankin, mais il fut pris par les Tartares et étranglé à Pékin avec la corde d'un arc. Son frère, proclamé également empereur dans le Fo-Kien, fut noyé dans la mer. Plus tard, les combattants du parti chinois eurent deux chefs princes du sang, Lou et Tang-Ou ; tous les deux périrent dans une rencontre. Dans le Kouang-Tong, le prince Yong-Li essaya de résister. Il fut traqué par les Tartares, s'enfuit dans le Pégu, pays des Birmans, d'où, livré à ses ennemis, il fut conduit à Pékin et étranglé publiquement. Les Mantchoux firent périr tous ceux qu'ils crurent alliés, de près ou de loin, à la dernière dynastie, et il est certain qu'il n'en reste pas aujourd'hui un seul descendant sérieux. Si bien qu'en 1679, à la mort du général Ou, qui avait fait venir le premier des Mantchoux à Pékin, et qui, plus tard, devenu prince du You-Nnan et du Kouei-Tchéou, se révolta contre la dynastie tartare, ce fut son plus jeune fils qui fut proclamé empereur, comme représentant le parti national.

Sauf donc quelques parties montagneuses des régions les plus au sud de Pékin, notamment dans les provinces du Youn-Nan, du Kouei-Tchéou, du Hou-Nan et du Kouang-Si, habitées par les tribus aborigènes et sauvages des Miao-Tsé, aussi indépendantes de la dynastie des Minn que de celle des Tsing, lieux qui servent de refuge aux pirates, aux bandits et aux lettrés mécontents des 18 provinces de la Chine, la domination tartare-mantchoue fut partout reconnue et acceptée comme nationale.

La différence entre les Tartares et les Chinois, les vainqueurs et les vaincus, n'est qu'un vain mot que les insurgés veulent exploiter. Pour s'en convaincre, il suffit d'examiner l'état réel de la Chine et le personnel de son gouvernement sous le dernier empereur Tao-Kouang (raison éclatante). Cette effrayante armée tartare, maîtresse des destinées de 300 millions d'âmes, ne comptait probablement pas 120 mille hommes dont aucun, sauf les principaux officiers, n'eût été capable de dire dix mots en langue mantchoue. Sur 8 vice-rois ou gouverneurs généraux, administrant chacun des populations d'au moins 18 millions d'âmes, 2 étaient d'origine mantchoue, celui de la province impériale du Tchéli, à cause du séjour de l'empereur à Pékin, et celui des provinces du Kann-Sou et du Chenn-Si, à cause de la multitude de tribus nomades mongoles et tartares habitant ces deux vastes provinces. Les 6 autres vice-rois étaient Chinois. Sur les 18 gouverneurs de provinces, 3 étaient Mantchoux, 1 Mongol, 11 Chinois. Le cabinet de Pekin, composé de 4 principaux ministres et 2 ministres assistants, avait 3 titulaires mantchoux et 3 chinois. A Pékin même, où les Tartares-Mantchoux sont évidemment

les plus nombreux, ils n'entraient dans la composition
des ministères, des cours, des institutions que pour le
tiers au plus, pendant que, dans les provinces, ils n'y
entraient que pour une part excessivement minime.
Parmi tous ces Tartares, notre courageux missionnaire,
M. l'abbé Huc, qui a exploré la Tartarie et le Thibet,
n'eût point trouvé dix individus capables de converser
avec lui en langue tartare ou mongole. C'est qu'en
réalité, les Tartares-Manchoux, bien loin d'avoir ab-
sorbé dans leur nationalité les Chinois, en ont été ab-
sorbés eux-mêmes, ne leur ayant transmis qu'une
seule coutume tartare, des tresses de cheveux pendant
derrière la tête, en échange de la mode chinoise de
casser les pieds aux femmes, que les dames tartares
imitent à l'envi.

Si on examine d'ailleurs la longue série des 28 dynasties d'empereurs qui, depuis plus de 4,000 ans,
ont régné sur la Chine, et si on en excepte les deux
souverains Yao et Chouen, plus ou moins fabuleux,
modèles de toutes les vertus, on en trouvera rarement
de plus grands, de plus sages que les deux empereurs
de la dynastie tartare-mantchoue Kang-Chi et Kienn-
Long. Leurs deux règnes, de 121 ans, firent probablement plus de bien à la Chine, ajoutèrent plus de
grandeur au Céleste Empire que tous les règnes réunis
des 16 empereurs de la dynastie nationale des Minn.
Qu'on compare l'étendue de la Chine sous la dernière
dynastie avec les vastes possessions que l'avant-dernier
empereur mantchou légua au lit de mort à son fils
Tao-Kouang.

Ce n'est cependant pas que la Chine eût manqué,
pendant les deux cents dernières années, de sociétés
secrètes, d'émeutes, d'assassinats et d'insurrections.

Le siége principal du gouvernement étant établi à
Pékin, sur les confins nord-est de l'empire, son ac-
tion ne peut toujours se faire sentir partout rapidement. La position géographique des provinces du sud
y est pour beaucoup, car leurs montagnes, habitées
par les Miao-Tsé, servent de refuge aux bandits et aux
pirates qui, de temps immémorial, sont la plaie des
fleuves et des mers de la Chine. Ajoutons-y que,
dans ce pays, la réussite aux examens littéraires devant en principe mener à tous les emplois, aux plus
hautes dignités, et les lettrés constituant en quelque
sorte une caste privilégiée, les candidats aux honneurs
académiques sont innombrables. Il s'ensuit que beaucoup d'entre eux, malgré leur diplôme de bachelier
ou de docteur ès lettres, restent sans emploi et de-
mandent en commun, avec beaucoup de candidats
éconduits, à l'émeute et aux sociétés secrètes la position et la notoriété que ne peut leur donner le gouvernement, dont ils deviennent alors les plus dangereux ennemis.

La ville de Canton, qui, pendant plus de deux cents
ans, a été l'unique siége du commerce étranger, sem-
ble être le foyer des mauvaises doctrines, apportées
en partie par les matelots qui sont très-souvent le re-
but des populations européennes, ou par les Chinois
qui, malgré les lois sévères contre l'émigration, vont
chercher aux colonies anglaises, espagnoles et hollandaises, des moyens de subsistance, et qui rentrent dans
leur pays, imbus de principes d'égalité mal entendue
et d'idées démagogiques et socialistes. C'est parmi
ces parias de la civilisation, c'est à l'aide des affamés
que certaines provinces trop populeuses ne peuvent
nourrir, c'est parmi ces demi-savants déclassés que

l'émeute et les sociétés secrètes recrutent leurs soldats et leurs chefs.

Les sociétés secrètes forment, en Chine, des cor-
porations redoutables et nombreuses. Les principales
sont celles du *Lys blanc*, du *Nénuphar rouge*, de la
Triade (le ciel, la terre et l'homme), de la *Rénovation*,
de la *Distinction originelle*, de la *Raison céleste*, du
Rouge sublime (1), du *Thé pur* et du *Nuage blanc*.
Les trois provinces méridionales, le Kouang-Tong, le
Kouang-Si, le Fo-Kien, Hong-Kong et même Ma-
nille, Singapour et Batavia, en sont couvertes. Leurs
doctrines n'ont rien à envier à celles de l'Europe com-
muniste ; et, au point de vue politique, il nous suffira
de rappeler qu'en 1803 et 1813, Kia-King, grand-
père de l'empereur actuel, faillit être assassiné, la
première fois par les sectaires du *Lys blanc*, la seconde par soixante-dix membres de la *Raison céleste*,
qui pénétrèrent dans le palais où l'empereur, surpris,
ne dut la vie qu'au courage et à la présence d'esprit
de Tao-Kouang, son fils, plus tard son successeur, et
de quelques serviteurs dévoués.

Quant aux insurrections du Kouang-Si, elles ont
été pour ainsi dire périodiques, et pendant la dernière, qui eut lieu en 1832, les insurgés avaient pour
appui des bandes de pirates qui dévastaient les côtes,
et qui, par moments, n'avaient pas moins de 600 jonques armées. Ces troubles si graves se sont repro-
duits sous toutes les dynasties : mais, à l'aide de quelques troupes aguerries, avec quelques distributions
d'argent et de boutons habilement donnés aux lettrés
mécontents et aux chefs des insurgés, grâce enfin à

____

(1) Le rouge étant en Chine la couleur de joie et de bonheur.

la patience et au fond de bon sens de la masse du peuple chinois, le trône est toujours resté debout. Il est vrai aussi que de pareilles difficultés ne dépassaient jamais l'horizon politique purement et uniquement chinois. Aucune *question extérieure* ne venait les compliquer. Avec du temps, tout rentrait donc dans l'ordre ; les insurrections et leurs conséquences d'alors étaient dans les mœurs de « l'empire du Milieu. »

Les circonstances ont complétement changé depuis la fin de la guerre des Anglais et la conclusion des traités avec les puissances occidentales. Aussi l'insurrection actuelle est-elle autrement grave et a-t-elle une tout autre portée, car elle met en question non-seulement l'existence de la dynastie régnante, mais peut-être même celle du Céleste Empire.

II.

L'ignorance des faits et certain esprit de jalousie internationale ont répandu partout l'idée que les Anglais ne firent, en 1840-41-42, la guerre aux Chinois que pour leur imposer l'opium. De là on est convenu d'appeler cette guerre *guerre de l'opium ;* et, en Europe comme en Amérique, du moment où il s'agit de la Chine, on représente, bien à tort, les Anglais comme les empoisonneurs de trois cents millions d'hommes.

Les Anglais, en déclarant, malgré eux, la guerre au gouvernement chinois, ont pu avoir pour principal but la sauvegarde de leurs intérêts ; mais il serait injuste de ne pas reconnaître qu'ils ont en même temps défendu et vengé l'honneur de toutes les nations civilisées, outragées par la suzeraineté universelle que prétendait exercer la Chine.

Les Chinois soutiennent, d'après leurs livres canoniques et leurs lois civiles et politiques, que, comme il n'y a qu'un ciel, il ne doit y avoir qu'un empereur, fils du ciel et de la terre, et que l'univers entier doit respect et hommage à la volonté souveraine de ce haut mandataire du ciel sur la terre. Ainsi tout sujet qui, en écrivant ou en parlant à l'empereur, donnerait ce titre à un autre souverain, serait puni de mort comme criminel de lèse-majesté. Nous possédons le recueil, *destiné aux autorités chinoises seules*, de trois traités et de tous les règlements concernant le commerce étranger en Chine. On n'y trouve pas un seul caractère chinois invalidant en quoi que ce soit les prétentions de la Chine à la suzeraineté universelle; les titres d'empereur et de maître souverain donnés dans les traités aux souverains de France et d'Angleterre ont été, dans ce recueil, soigneusement omis, ainsi que les expressions « respect souverain » et « grande ou indépendante » qui doivent précéder les caractères désignant la France ou l'Angleterre. La langue chinoise n'a même aucune sorte d'intermédiaire pour exprimer la dignité royale : les caractères *Houang-Ti*, *Houang-chang*, signifiant « empereur, » et le caractère Kang « roi *tributaire* » ou prince du sang de première ou seconde classe.

Cette prétention inadmissible de la Chine s'est traduite ouvertement et sans périphrases, chaque fois que des ambassadeurs de quelque cour de l'Europe sont arrivés dans les limites de l'empire de Chine. La condition *sine qua non* de pouvoir contempler « les traits divins de l'aïeul de dix mille années » (de l'empereur) fut et est encore de se mettre à genoux à trois reprises différentes, en frappant à chaque reprise trois fois la terre avec la tête. Cette cérémonie s'appelle en chinois « trois génuflexions, neuf prosternations. » Elle fut toujours exigée des ambassadeurs européens, non-seulement en présence de l'empereur lui-même, mais encore devant son écran impérial ; et plusieurs représentants des rois d'Europe se sont soumis à cet affront. Trois ambassadeurs portugais accomplirent cet acte de vasselage en 1667, 1727 et 1753, ainsi que deux ambassades hollandaises, en 1625 et en 1795. Elles se prosternèrent devant les deux empereurs, et même devant les écrans et les autels où se trouvaient peints les caractères désignant « le divin dragon. »

La Russie elle-même dut subir ces exigences, et l'ambassadeur Ismaïloff, envoyé par Pierre le Grand en 1719, observa le cérémonial d'un bout à l'autre.

Il en fut tout autrement des Anglais. Leur premier ambassadeur, le comte de Macartney, arrivé en Chine en 1792, sut se faire dispenser d'un pareil acte d'hommage, pendant que lord Amherst, rendu à Pékin en août 1816, en repartit quelques jours après, sans « avoir été ébloui des flots de la lumière céleste » (sans avoir vu l'empereur), pour s'être refusé, en « vrai rebelle, » à se laisser traiter comme un « porteur de tribut » de quelque roitelet vassal.

Certes, s'il se fût agi purement de la forme, le mal eût été moindre. Mais, en Chine surtout, la forme n'est qu'une manifestation extérieure d'un principe. Jusqu'à la conclusion des traités dont nous allons parler, les représentants des souverains étrangers ne

pouvaient régler les affaires de leurs nationaux ; et,
d'un autre côté, les mandarins soutenaient « que les
lois bienfaisantes du pays de fleurs n'étaient pas faites
pour les barbares, pas plus que pour les bêtes féroces. »
De cette manière, la vie et les propriétés des étrangers se trouvaient à la merci des magistrats de l'empire du Milieu.

Le différend de la Grande-Bretagne avec la Chine
prit naissance en 1834, au moment où expira le pri-
vilége concédé à la Compagnie des Indes occidentales
de trafiquer avec le Céleste Empire. A cette époque,
le commerce, devenu libre, fit arriver à Canton un
grand nombre d'Anglais, que leur gouvernement ne
pouvait laisser exposés au caprice et à la rapacité des
mandarins. Lord Napier fut donc nommé « surintendant en chef du commerce anglais en Chine, » et se
rendit à Canton ; mais il y mourut à la peine quelques
mois plus tard, les autorités chinoises s'étant toujours
refusées à avoir le moindre rapport avec lui, et, comme
disaient les proclamations et les « ordres » des mandarins, « l'œil (*chef*) des barbares aux cheveux roux
n'ayant que faire en Chine, ses compatriotes, comme
tous les autres barbares, étant justiciables des autorités du pays où ils venaient assouvir leur faim et leur
avidité. »

Dans l'opinion des Chinois, avoir des rapports offi-
ciels avec lord Napier, et recevoir de lui *des lettres* et
non *des suppliques*, c'eût été ne plus considérer le roi
d'Angleterre comme tributaire de la Chine et le libé-
rer lui et ses sujets de leur vasselage.

Quant à l'opium, cette drogue joua et joue certainement un grand rôle en Chine. Après leur victoire,
les Anglais obtinrent une indemnité d'environ 30 mil-

lions de francs pour l'opium saisi et brûlé par les autorités de Canton, bien que la soi-disant contrebande,
qui servit de prétexte au gouvernement chinois, s'exer-
çât toujours partout et en plein sous leurs yeux, sauf
un très-court espace de temps ; et que les princes du
sang, les hauts dignitaires, les mandarins, les bureau-
crates, les agents de police, les soldats et les lettrés
aient, de tout temps, constitué et constituent les huit
dixièmes du personnel adonné à l'usage de ce narco-
tique. L'habitude de fumer l'extrait du pavot est devenue générale, et a toujours été et est encore pour
les mandarins une source considérable de revenu,
car ils s'approprient en eotier les droits qu'ils per-
çoivent sur les trafiquants chinois de cette matière,
dont l'entrée est prohibée par les douanes impériales.
De grandes provinces, d'ailleurs, telles que le Ssé-
Tchouan, le Youn-Nan, le Kouei-Théou et le
Kiang-Si, bravent la loi générale et cultivent le pavot,
au point de donner de l'inquiétude au gouvernement
de Calcutta.

En 1836, le capitaine Elliot fut nommé surintendant en chef anglais, et il n'est aucune sorte d'ava-
nies, d'humiliations, d'insultes qu'il ne supporta. Ses
moindres communications devaient être revêtues du
titre « d'humbles et respectueuses suppliques. » Il met-
tait dans tous ses rapports avec les Chinois et leurs
autorités beaucoup de conciliation et de justice ; mais
il n'aboutit qu'à enorgueillir le gouvernement provin-
cial, et spécialement le célèbre commissaire impérial
Linn-Tsé-Siu, qui fut la cause de la guerre. Vers la
fin de mars 1839, le représentant de la Grande-
Bretagne se vit subitement enfermé avec *tous les
étrangers* dans les factoreries de Canton, privé de

nourriture et de domestiques, et menacé de mort par les soldats et la populace jusqu'à ce qu'il eût livré aux autorités tout l'opium se trouvant à bord des navires anglais dans les eaux de la Chine. Plus de 20,000 caisses d'opium furent ainsi livrées par le capitaine Elliot lui-même ; et le gouvernement chinois se refusa à toute satisfaction pour un fait aussi exorbitant et une violation si flagrante du droit des gens.

Les Anglais ayant épuisé tous les moyens de conciliation durent recourir aux armes en 1840, et c'est un spectacle digne du plus haut intérêt que celui d'une poignée d'Européens combattant l'empire du Milieu de 300 millions d'âmes. Il serait hors de notre cadre de raconter chaque phase de la lutte ; mais il est bon de signaler la part bien différente qu'y prirent les sujets du Fils-du-Ciel.

Les fonctionnaires chinois, véritables auteurs des malheurs de leur pays, se montrèrent, à très-peu d'exceptions près, comme les soldats leurs compatriotes, d'une forfanterie qu'égala seule leur lâcheté. La race tartare, au contraire, opposa partout de la résistance et se fit tuer bravement dans toutes les rencontres avec les Anglais. Pendant que les mandarins chinois, ceux de Canton surtout, semblaient par leur aveuglement et leur ignorance tramer la chute de leur empereur tartare, c'étaient les ministres de cette nation, Mou-Tchang-A, Ki-Chann, I-Li-Pou et Ky-Ing, qui, par leur clairvoyance, leur habileté, sauvèrent la couronne de leur maître en arrêtant les progrès des Anglais par la conclusion du traité de Nankin.

Cette transaction diplomatique fait époque dans l'histoire de la Chine : elle fut suivie du traité américain du 3 juillet et du traité français du 24 octobre

1844. Ces conventions ouvrent une ère nouvelle aux nations occidentales dans l'extrême Orient ; elles consacrent le *principe de réciprocité*, bien souvent éludé et même contesté dans la pratique des relations ; mais elles signalent aussi l'affaiblissement de l'autorité du Fils-du-Ciel, qui a consenti *ou qui est censé avoir consenti* à traiter d'égal à égal avec les barbares, et à leur permettre l'entrée du Céleste Empire. Et nous verrons plus loin que ces conventions sont l'une des causes majeures, ou au moins le prétexte très-plausible de l'insurrection du parti soi-disant chinois ou national, qui a pour objet de renverser du trône le prince étranger et usurpateur de la dynastie tartare-mantchoue.

III.

Établissons en peu de mots, avant de continuer, la position géographique des lieux dont il s'agira dans la suite de ce travail. La Chine, divisée en dix-huit provinces, en a six sur le bord de la mer. A l'extrémité sud-sud-est se trouve la province du Kouang-Tong avec la ville de Canton pour chef-lieu. Presque en face de l'embouchure du fleuve des Perles (Tchou-Kiang), qui mène à cette ville et qui la baigne, est situé l'établissement anglais de Hong-Kong. En se dirigeant de là vers le nord-est, et plus loin au nord, on trouve d'abord le Fo-Kien, puis le Tché-Kiang, le Kiang-Sou, le Chann-Tong, et à l'extrémité nord-est la province impériale de Tché-Li avec Pékin, capitale de l'empire. Le grand « fleuve-fils-de l'Océan » (Yang Tsé-Kiang), qui traverse toute la Chine de l'ouest à l'est-nord-est, se jette dans la mer Jaune dans le Kiang-Sou. L'île de Chusan, que les Anglais ont occupée déjà deux fois, se trouve en face du Tché-Kiang, à moitié route de Canton à Pékin. Les trois provinces intérieures enfin, qui ont été et qui sont le véritable théâtre de la guerre civile, sont situées parallèlement aux provinces maritimes, le Kouang-Si à l'ouest du Kouang-Tong, qui le touche ; le Hou-Nann, de même à l'ouest du Fo-Kien, et le Hou-Pé, séparé par le Ngann-Houei du Tché-Kiang, et plus au nord du Kiang-Sou, avec lequel il communique par le « fleuve-fils-de l'Océan. »

Les traités une fois conclus, il fallait pourvoir à leur exécution. Canton cessa d'être l'unique siége du commerce étranger, à qui quatre nouveaux ports furent ouverts : Shang-Hai, Ning-Po, Fou-Tchéou et Amoy.

Les dispositions les plus importantes des traités sont au nombre de deux : celle d'abord qui autorise les étrangers à s'établir, eux et leurs familles, dans les villes et les faubourgs des cinq ports, sur des terrains devant leur être concédés par bail à perpétuité; et puis celle qui détermine le mode et les formes d'après lesquels les relations entre les autorités chinoises et étrangères doivent avoir lieu. C'est l'exécution de ces deux clauses qui a été le motif de contestations et de luttes interminables.

Cependant Shang-Hai et Ning-Po, situés l'un dans le Kiang-Sou, l'autre dans le Tché-Kiang, au milieu de populations douces et laborieuses, furent ouverts immédiatement ; les Anglais et les Américains s'y sont ét blis librement dans les villes et dans les faubourgs.

Le troisième port, Amoy, bien que situé dans le Fo-Kien, avec une population remuante et orgueilleuse, aussi hostile aux étrangers qu'à son propre gouvernement, n'a pas tardé à être livré au commerce, grâce à sa position insulaire.

Il n'en fut pas de même de Fou-Tcheou, quatrième port nouvellement ouvert et chef-lieu de la province du Fo-Kien. Les étrangers ne s'établirent dans l'enceinte de la ville qu'après des difficultés inouïes, et depuis trois ans le vice-consul et l'interprète anglais y demeurent seuls. Mais comme ce port, d'un accès d'ailleurs dangereux, n'a aucune valeur commerciale à cause du voisinage d'Amoy, il a cessé d'être l'objet des préoccupations politiques des autorités chinoises et étrangères.

C'est à Canton, dont le vice-roi, nommé surintendant des Cinq-Ports et investi de fonctions semblables à celles d'un ministre des affaires étrangères, centralise entre ses mains tout ce qui a trait aux relations extérieures de la Chine; c'est à Canton, disons-nous, qu'était la pierre d'achoppement de la nouvelle situation politique créée par les trois traités. Nous avons vu plus haut que c'est à Canton que la guerre prit naissance. Nous devons ajouter que les démagogues et la populace de cette ville et des environs avaient contribué à la faire éclater autant au moins que les autorités provinciales et Linn lui-même, qui n'avait d'autre valeur que celle de personnifier l'esprit de haine et de dédain du vieux parti chinois contre les étrangers.

Aussi, du jour où les Anglais, prêts à donner l'assaut à la ville, en mai 1841, se contentèrent d'une rançon de six millions de piastres et épargnèrent Canton, les Cantonnais, prenant cette modération pour de la faiblesse, n'ont plus mis de bornes à leur insolence : tant il est vrai qu'avec les Orientaux, il faut toujours « faire parler la poudre » ou ne pas menacer du tout. Et cependant, si les troupes britanniques eussent pris la ville d'assaut, elle l'auraient délivrée des bandes armées, des clubs et des sociétés secrètes; l'autorité impériale elle-même se fût vue débarrassée de ses plus dangereux ennemis; et enfin, par cette occupation, les étrangers et le gouvernement anglais se fussent épargné bien des complications à venir, et en définitive une défaite.

Ainsi, lorsqu'il fallut, trois mois après la conclusion du traité de Nankin, livrer aux étrangers les terrains situés sur la rive sud du fleuve des Perles, en face des factoreries, véritable prison, que les Européens occupent encore, et ouvrir les portes de la ville elle-même, la population ameutée s'y opposa violemment.

L'homme qui fut à la tête de cette résistance était un démagogue nommé Tsien-Kiang, ancien mandarin subalterne, dégradé et renvoyé du service pour des actes coupables. Comme il occupe à l'heure qu'il est dans le camp des insurgés le poste éminent de grand juge, nos lecteurs liront sans doute avec intérêt un extrait d'une de ses proclamations publiées en novembre 1842, et dans laquelle, tout en respectant encore l'empereur céleste, il combat déjà d'une manière indirecte son gouvernement.

« Voyez : la dynastie céleste est un glorieux tout indivisible. Comment peut-on scinder ses terres pour en donner une partie à d'autres? Le bas peuple comprend la fidélité; il comprend qu'exterminer les rebelles (les Anglais), c'est montrer de la gratitude pour les faveurs et les bienfaits du souverain. La grande pure dynastie (des Tsing) a gouverné le pays plus de deux cents ans. Chaque empereur successif a été un sage, et le peuple tout entier s'est ressenti des vertus impériales et de leur sainte bienveillance. Ceux mêmes qui résident dans les régions les plus éloignées, au delà des pôles de la civilisation (en dehors de la Chine), ont joui des bienfaits de leurs vertus et de la bienveillance qui couvre tout, comme le ciel d'en haut, et qui soutient tout comme la terre qui nous nourrit. Aussi, tout ce qui vit dans les limites des quatre mers (le monde) vit en paix ; tous les pays ont les moyens des rapports paisibles avec l'empire du milieu, car même parmi les Barbares de l'ouest et du süd, il n'en est aucuns qui ne viennent, dans les saisons propices et avec les vents favorables, apporter leur humble tribut et prêter leur respectueuse soumission. La nation anglaise seule fait exception. Son chef est tantôt une reine tributaire, tantôt un roi tributaire. Les Anglais sont autant d'oiseaux de proie, de bêtes féroces. Leur nature est plus méchante et cruelle que la nature des tigres et des loups : leurs cœurs sont plus avides et insatiables que les cœurs des serpents et des truies. Ayant englouti tous les sauvages du sud, comme l'ignoble esprit des ténèbres, ils ne doutent plus de rien. Durant les règnes de Kien-Long et de Kia-King, ils supplièrent, prosternés, pour être autorisés à apporter leur tribut, tout en demandant déjà la possession de Chusan (1). Mais ces deux sages (ces deux empereurs),

____

(1) C'est faux, mais l'habile rédacteur l'a dit pour faire sentir davantage à la populace de Canton toute la valeur de Chusan, que les Anglais retenaient encore.

comprenant la trahison innée des Anglais, ont décidément refusé d'admettre leur supplique. Depuis, ces
abominables barbares ont commercé à Macao, empoisonnant le peuple....

« Tous les bambous des montagnes du Sud ne fourniraient pas assez d'écorce pour écrire l'infamie des
barbares, et toutes les eaux de l'Océan ne sauraient
laver et faire disparaître notre indignation. En vérité,
les dieux et les hommes les abhorrent; le ciel et la
terre ne peuvent plus les supporter...

« L'année dernière, les cœurs braves, les patriotes
de Canton étaient tout prêts à exterminer les barbares. Pourquoi nos lâches autorités les ont-elles couverts de leur égide en trahissant notre saint maître,
et en empêchant le peuple fidèle de débarrasser, une
fois pour toutes, la terre de ces insectes malfaisants?
Nos larmes coulent à flots, nos cœurs sont brisés.

« On nous dit que les rebelles barbares viennent
pour établir leur résidence sur la rive de notre fleuve
des Perles (Tchou-Kiang). Comment cela peut-il
être? Les *civilisés* et les *barbares* (les Chinois et les
étrangers) ne peuvent vivre ensemble, pas plus que
les hommes et les animaux; ce serait ouvrir les portes
et inviter les voleurs à entrer; ce serait détruire les
barrières et appeler aux loups, etc., etc., etc. »

Cette citation donne une idée exacte des sentiments
dont les principaux chefs de l'insurrection sont animés
à l'égard des étrangers.

Tsien-Kiang réussit à faire éclater une émeute, et,
le 7 décembre 1842, trois mois à peine après la conclusion du traité de Nankin, les factoreries européennes
furent pillées et en partie brûlées. A la demande du
plénipotentiaire anglais, sir Henry Pottinger, Tsien-

Kiang fut arrêté; il refusa de se mettre à genoux, comme c'est l'habitude, devant son juge, invoqua sa qualité de lettré pour ne pas être battu, et fut néanmoins dégradé, fouetté et envoyé sous escorte dans le Tché-Kiang (1).

L'instigateur de la résistance fut donc puni, mais les portes de la ville continuèrent d'être fermées, les terrains ne furent pas concédés, et les choses en restèrent, à Canton, à peu près dans le même état où elles étaient avant le traité et la guerre.

La position, devenue ainsi précaire pour les étrangers à Canton, a donné lieu au développement des ports du nord. C'est à Shang-Hai surtout que l'essor commercial a été immense. Grâce à l'intelligente énergie et à la persévérance du consul anglais, le capitaine Balfour, et à l'esprit de conciliation de l'intendant, le dignitaire tartare Khong, ce port est devenu l'entrepôt des provinces qui produisent les meilleures soies, les thés verts et une partie des thés noirs, et, après Calcutta, Shang-Hai est le point, à l'est du cap de Bonne-Espérance, où le mouvement commercial et maritime est le plus vaste et le plus avantageux. Sur les terrains concédés à l'Angleterre, s'élève déjà une magnifique ville européenne qui devient le centre des rapports des peuples chrétiens avec l'empire du Milieu.

Mais les avantages de Shang-Hai, la liberté dont jouissent les étrangers dans le nord, où ils peuvent, à peine déguisés, parcourir l'intérieur de deux provinces,

(1) Il y devint l'un des chefs de la secte de la *Triade* jusqu'en 1853, époque à laquelle il fut se joindre à l'état-major des insurgés.

Kiang-Sou et Tché-Kiang, n'ont cessé, dès le principe, d'exciter la jalousie de Canton et de stimuler la haine de ses habitants et des Fokiennois, qui crient constamment « que la Chine est vendue aux barbares. » Aussi voyons-nous, en 1846, le vice-roi Ky-Ing, sous la pression démagogique et antieuropéenne des lettrés, des clubs et de la populace de Canton, refuser à sir John Davis l'entrée de la ville et, qui plus est, les terrains nécessaires pour la construction des habitations, de l'église et du cimetière; et cela au moment même où les Anglais restituaient l'île de Chusan, qu'ils avaient retenue comme gage du payement de l'indemnité de guerre de 21 millions de piastres (environ 120 millions de francs).

Le plénipotentiaire britannique, fatigué du peu de succès de ses représentations, eut la malheureuse idée, en 1847, de recourir aux armes, sans être bien décidé à punir enfin les Cantonnais si le traité n'était pas exécuté sur-le-champ, ou sans avoir tous les pouvoirs nécessaires à ce sujet. Il reparut le 3 avril à Canton à la tête d'environ un millier d'hommes et de plusieurs navires. Mais il se laissa circonvenir par Ky-Ing et autres autorités provinciales, et se contenta d'une convention, signée le 6 avril 1847. Ce n'était encore qu'une promesse; et, en Chine, les promesses les plus solennelles ne valent qu'autant qu'elles sont exécutées immédiatement. La nouvelle convention eut d'ailleurs le mauvais résultat d'invalider le traité lui-même, en renvoyant encore au 6 avril 1849 l'entrée de la ville, droit assuré déjà aux étrangers par l'art. 2 du traité de Nankin, et mis à exécution dans les autres quatre ports dès 1844. Un article de cette nouvelle convention stipula aussi le droit des Européens de circuler librement dans les environs de Canton, mais pour une journée seulement.

Toute cette déplorable affaire ne fut, en fin de compte, qu'une nouvelle victoire obtenue par les démagogues cantonnais, et sur les étrangers et sur le gouvernement chinois lui-même. Il va sans dire que les terrains désignés sur la rive sud du fleuve des Perles (Tchou-Kiang), en face des factoreries, n'ont pas été livrés, et le *droit* des étrangers de circuler librement dans les environs amena, quelques mois plus tard, une affreuse catastrophe.

Le 5 décembre 1847, six jeunes Anglais furent saisis, pendant leur promenade, par la populace ameutée d'un village voisin de Canton ; quatre d'entre eux furent tués immédiatement; les deux autres, blessés pendant l'attaque, furent pris, enfermés pour la nuit dans le temple du dieu protecteur du village, et exécutés le lendemain, d'après l'arrêt du conseil des anciens. La seule satisfaction que le vice-roi Ky-Ing, toujours sous la pression des lettrés et de la populace, fut à même d'accorder à sir John Davis pour cette application de la loi de Lynch chinoise, fut l'exécution au même village, en présence d'une commission anglaise, de quatre condamnés à mort pour d'autres crimes (1) En ajoutant à ces quatre malfai-

---

(1) Rien de plus fréquent aussi que la substitution *volontaire* d'un innocent prenant la place d'un véritable coupable condamné à mort, et se laissant exécuter à sa place. C'est une affaire généralement de 600 fr., payés à la famille du remplaçant, qui meurt satisfait, s'il peut espérer que ses fils, devenus un jour mandarins, seront à même de lui procurer de l'avancement et du bonheur dans l'autre monde, ou même dans celui-ci, lorsqu'il y reviendra dans un autre corps. Il va sans dire que la misère ne joue pas le moindre rôle dans cette détermination de se faire couper la tête à la place d'un autre.

leurs deux hommes tués par les six victimes au moment de la première attaque, la justice chinoise, di-
sait Ky-Ing, se trouvait satisfaite : vie pour vie, tête
pour tête.

Bientôt après cet événement, Ky-Ing se rendit à
Pékin, et il fut remplacé à Canton dans son poste de
vice-roi par le nommé Siu, son lieutenant pendant la
dernière moitié de son gouvernement, le favori d'a-
lors de la populace et le chef du vieux parti chinois
antieuropéen. Ce fut le lever de rideau du long drame
qui se déroule encore maintenant.

Toute l'année qui suivit le départ de Ky-Ing se
passa en préparatifs de la part de Siu et de ses adhé-
rents pour résister, disaient-ils, aux empiétements des
barbares. En effet, le terme du 6 avril 1849 appro-
chait, époque qui devait donner la juste mesure non
seulement des forces respectives des Chinois et des
étrangers, mais aussi du pouvoir du gouvernement
tartare, et de l'influence de ses opposants.

L'excitation de la populace, travaillée par les lettrés
et les clubs, était arrivée au plus haut degré. Les murs
des factoreries et des monuments publics étaient couverts de placards incendiaires et d'appels aux armes
aussi insultants pour les étrangers que pour le gouvernement chinois.

Les milices volontaires s'exerçaient, et les bandes
de prétendus patriotes présentaient 5 à 6,000 hommes
armés. Siu avait donné un libre cours aux passions
populaires qui devaient l'aider en effet à obtenir un
triomphe momentané, mais dont il était destiné à de-
venir lui-même la victime.

Malgré les démonstrations et les préparatifs belli-
queux des Anglais, l'entrée de la ville fut refusée

officiellement à sir Georges Bonham, le nouveau plénipotentiaire britannique. Le message impérial, qui
laissait à Siu toute la responsabilité de ses actes, ne
contenait que huit caractères qui signifient : « Prends
en considération les sentiments de mes sujets, et agis
suivant les circonstances. » Mais Siu jugea à propos
d'ajouter des commentaires, et voici la traduct on *libre* de l'édit impérial, transmise par le vice-roi dans
la communication qu'il adressa à sir Georges Bonham :

« Moi, le commissaire du pouvoir souverain du
grand empire des Tsing, j'ai eu l'insigne honneur de
recevoir prosterné la sainte volonté du grand empereur conçue en ces termes:

« ... Les cités n'existent que pour la protection du
peuple. C'est en protégeant le peuple, que l'empire
se maintient. Les vœux du peuple sont la base des
décrets du ciel. Or, le peuple de Canton est una-
nimement déterminé à ne pas recevoir d'étrangers dans
la ville. Comment puis-je, moi, indigne empereur,
manifester partout mon ordre impérial et imposer au
peuple une mesure opposée ? Le gouvernement des
civilisés (des Chinois) ne peut pas marcher contre le
peuple pour satisfaire les hommes du dehors. Les
chefs des barbares devraient aussi prendre en considération les sentiments du peuple et laisser libre car-
rière aux énergies individuelles des négociants ..

« . . . .

« *Réprime sévèrement les bandits indigènes* (les
plus turbulents de la populace de Canton, qui com-
mençaient déjà à embarrasser Siu) *et défends-leur de
profiter de la circonstance pour créer des désordres
et pour molester mon peuple... Respectez ceci.* »

« Moi, commissaire, ayant reçu ce qui précède, je m'empresse de le porter à la connaissance de l'honorable envoyé, en le priant d'agréer les souhaits des jours de bonheur. »

Nous voici arrivés à l'origine de l'insurrection dont la dépêche précédente est, en quelque sorte, le premier manifeste mis dans la bouche du souverain tartare lui-même par la citation de son édit.

De ce moment date le retour officiel et public de la cour de Pékin à la vieille politique antioccidentale dont Siu, vice-roi de Canton, fut le promoteur le plus ardent. Une autre démonstration anglaise sans succès, celle de l'envoi d'un steamer à Tienn-Tsinn, port de mer de Pékin, avec une représentation que la cour impériale refusa de recevoir, ne fit qu'enorgueillir les Chinois. Le vieil empereur Tao-Kouang (raison éclatante) venait de mourir, c'est-à-dire « de monter sur le dragon pour gagner les régions éthérées et le séjour des dieux. » Son quatrième fils, jeune homme de dix-neuf ans, monta sur le trône et prit pour devise les mots de *Chienn-Feung*, ou prospérité universelle.

Son premier acte fut d'insérer au testament, qu'il fit publier, selon la coutume, au nom de son prédécesseur, l'expression des regrets de Tao-Kouang et la demande de pardon au ciel et au peuple pour la honte que, sous son règne, les barbares avaient infligée à l'empire.

Un mois plus tard, les insurgés du Kouang-Si, que l'on nommait des « bandits », obtenaient leur premier succès sur quelques soldats impériaux.

IV.

Ce qui frappe le plus, lorsqu'on entend parler de la Chine, c'est son immense population, qui dépasse le chiffre de 300 millions d'âmes. Quand on considère que la superficie de la Chine proprement dite, c'est-à-dire sans la Mantchourie, la Mongolie intérieure et extérieure, l'Ili ou le Turkestan oriental, le Koko-Nor et le Thibet, égale à peine sept fois la superficie de la France, et que presque un cinquième doit encore être retranché comme couvert par des montagnes arides et des cours d'eau innombrables, on arrive aisément à comprendre combien il doit être difficile au pays de pourvoir à la nourriture de ses habitants.

Aussi quelles que soient l'industrie et la patience proverbiales des Chinois pour tirer parti des moindres parcelles de terre conquises sur les rochers ou sur les eaux, la famine est pour ainsi dire à l'état permanent dans l'empire du milieu ; elle ne fait que changer de province chaque année, car les inondations et la sécheresse sont les deux fléaux qui n'épargnent que rarement la Chine. Chaque ville de district possède bien un grenier d'abondance ; mais depuis longtemps les règlements sur le dépôt des grains ne sont pas observés, et la famine exerce annuellement de terribles ravages. Une partie de la population meurt d'inanition dans les rues et jusqu'au milieu des champs ; une autre émigre dans les endroits plus riches ; une troisième enfin, et celle-là n'est pas toujours la moins nombreuse, se livre à la piraterie et au brigandage. Si le

gouvernement et les populations poursuivent les forbans de trop près, il suffit à ceux-ci de se réfugier
dans le Kouang Si, qui est pour eux une forteresse
inexpugnable. Ils y forment, avec les tribus indépendantes des Miao-Tsé, un petit corps d'armée aguerri,
prêt à toutes sortes d'entreprises sur terre et sur mer,
car le Kouang-Si n'est séparé du golfe de Ton Quin
que par quelques lieues du territoire de l'empire d'An-
Nam (Cochinchine).

En 1847 et 1848, le Kouang-Tong et le Kouang-Si
furent désolés par la famine, et l'on vit s'accroître le
nombre de bandits, en même temps qu'il s'opérait un
changement capital dans la nature de leurs rassem-
blements et de leurs projets. Aussi n'a-t-on jamais
vu les exécutions capitales plus fréquentes à Canton
que dans les années 1848 et 1849, pendant lesquelles
quinze cents malfaiteurs périrent sous la hache du
bourreau.

A partir du printemps de 1849, plus de deux mille
forbans, qui, sous le nom de *patriotes* et de *volontaires*, avaient été encouragés par Siu, vice-roi de
Canton, comme son meilleur moyen de résister aux
barbares, se virent forcés, sous la conduite des chefs,
affiliés habiles de différentes sociétés secrètes, à changer de quartier général, et, de Canton, ils transportè-
rent leur siége dans le département montagneux de
Lienn, le plus occidental du Kouang-Tong, sur la
frontière du Kouang-Si, à peu de distance de la mer.

A peine y furent-ils installés que les événements
qui se passaient en mer accrurent de beaucoup leur
nombre. En 1849, les pirates infestant les côtes sud-
est et sud de la Chine comptaient deux flottes puis-
santes, dont une surtout, commandée par un Canton-

naïs, Chap-Ou-Tsai, donnait déjà des inquiétudes au commerce britannique lui-même. Du moment où les propriétés des Anglais eurent à souffrir des pirates, sir George Bonham décida leur destruction. Une petite expédition anglaise mit à la voile, et, du mois de mai jusqu'au mois de novembre, plus de 100 jonques du plus gros calibre furent détruites, plus de 2,500 pirates tués ou noyés, et 239 faits prisonniers. Mais 3,000 d'entre eux échappèrent à la poursuite des vapeurs anglais e allèrent grossir la petite armée de leurs frères établis à terre. Dans leur nombre, il y eut beaucoup de bons canonniers, provenant des bateaux de guerre portugais de Macao, nommés *lorchas*, et destinés le plus souvent à la protection du commerce chinois contre les pirates.

Le changement de règne arrivé au commencement de 1850 parut aux révolutionnaires, dont nous avons signalé les éléments variés, une occasion propice de mettre à exécution leurs projets. Leur principale force se trouvait dans la faiblesse du gouvernement qu'ils avaient à combattre.

Au moment où le vieil empereur Tao-Kouang mourut, le prestige, la gloire de la dynastie tartare venait d'éprouver un rude échec de la part des barbares. Le traité de Nankin avait ouvert le céleste empire aux étrangers, et rien n'était plus aisé aux insurgés que d'exploiter habilement cette circonstance, pour rappeler au peuple chinois que l'empereur régnant n'était aussi lui-même qu'un étranger. La guerre de 1840-41-42 venait de démontrer l'ignorance complète des généraux, le manque de courage et la faiblesse numérique des troupes, de même que l'absence d'esprit d'ordre dans les autorités civiles. Ajoutons à cela que la résistance de Tao-Kouang aux réclamations des Anglais lui avait coûté des sommes fabuleuses, outre l'indemnité de guerre de 120 millions de francs, et que les inondations du fleuve Jaune (*Houang-Ho*), arrivant, pour ainsi dire, périodiquement à cause de l'incurie des mandarins, ne firent qu'augmenter encore les embarras du trésor impérial. D'un autre côté, 50 à 60 millions de francs exportés annuellement à l'étranger depuis bientôt vingt-cinq ans, en lingots d'argent, pour l'opium, qui tourne seul contre la Chine la balance du commerce avec l'Occident, ayant rendu le numéraire de plus en plus rare, rendirent également difficile la perception des impôts.

Il arriva ainsi que la vente de plus en plus suivie des emplois publics, des grades et des distinctions honorifiques, qui, d'après la constitution politique de la Chine, doivent être uniquement la récompense du mérite et de l'aptitude prouvée par les examens littéraires, fut en définitive le seul moyen d'obvier au déficit des revenus de l'Etat. De tous les griefs que l'insurrection se dit appelée à redresser, c'est le seul véritable ; et les conséquences politiques en furent certainement aussi préjudiciables à la dynastie régnante, que son échec subi de la part des barbares.

On voit donc qu'au commencement de 1850, le gouvernement de Pékin se trouvait désarmé et appauvri.

Le jeune empereur Chienn-Feung, en montant sur le trône, n'avait que deux voies à suivre : celle du progrès, qui lui ferait accepter et développer les relations de la Chine avec les peuples occidentaux ; et la voie rétrograde, mais conséquente avec sa qualité de fils du ciel, arbitre souverain de la terre. Ce fut celle que préféra Chienn-Feung, désireux de venger les affronts infligés à son père par les Barbares. Il ne comprit aucun des avantages que pouvaient lui procurer ces relations avec l'Europe et les Etats-Unis, et n'eut pas plus de clairvoyance pour l'état intérieur de son empire, qu'il laissa miner par l'insurrection. Faible et vindicatif, il éloigna de ses conseils et de son gouvernement les hommes qui, à tort ou à raison, étaient regardés comme favorables aux étrangers.

C'étaient Mou-Tchang-A, premier ministre tartare, âgé de plus de quatre-vingt-quatre ans; Ky-Ing, plénipotentiaire aux trois traités; Ki-Chenn, le premier qui eût songé à négocier avec les Anglais, et dernièrement vice-roi du Chenn-Si et du Kann-Sou; les deux Linn-Kouei, l'un président du ministère des rites (comprenant les attributions des ministres d'Etat, des cultes, de la cour de cassation et de la grande maîtrise des cérémonies), l'autre intendant du Shang-Haï; Chienn-Ling, intendant de Ning-Po; Chann-Lou, commandant des forces de terre et de mer du Tché-Kiang, et Siu-Ki-Iou, gouverneur du Fo-Kien (1).

Il va sans dire que, pendant les préparatifs des suc-

---

(1) Le principal motif de la dégradation de ce gouverneur fut la publication d'un ouvrage concernant les pays qui ne sont pas soumis au gouvernement *immédiat* du fils du ciel. Il va sans dire que tous les souverains de l'Europe, et ceux de la France, Charlemagne, saint Louis, Henri IV, Louis XIV et Napoléon, n'y sont désignés que comme *rois tributaires*. Mais la plus intéressante page de son histoire est celle où il s'agit d'expliquer pourquoi les missionnaires français recueillent en Chine tant de petits garçons, l'achat de petites filles n'ayant besoin d'aucune explication pour la perspicacité chinoise. Le gouverneur, voulant donner des preuves de son impartialité, reproche violemment à

rès que S. M. Impériale se promettait d'obtenir sur les Barbares en les chassant des quatre nouveaux ports et en les réduisant à l'état purement commercial d'avant les traités, les insurgés ne manquaient pas de profiter de l'inattention dont ils étaient l'objet. Loin de se fixer dans un seul endroit, ils parcouraient la province dans tous les sens, pillant les caisses du gouvernement et les mandarins, imposant des contributions aux villes et aux villages et réunissant autant d'argent que possible. Ce fut encore leur seul but.

Le soldat chinois est un être si grotesque, qu'il mérite une description particulière. Le signe distinctif de sa profession consiste en deux ronds de toile blanche cousus sur sa jacquette par-devant et par-derrière, et portant le caractère *yong* peint en noir et signifiant *brave*. Rien de plus misérable que l'équipement militaire, qui se compose d'un fusil à mèche rouillé, et, plus souvent, d'une mauvaise pique ou d'un sabre hors d'usage. Les officiers valent encore moins, car ils volent sans pitié, de concert avec les autorités civiles, les huit dixièmes des fonds destinés à l'entretien de l'armée et du matériel de guerre. Aussi le soldat ne se bat pas ; le canon n'est dangereux que pour ceux

----

un ancien auteur chinois d'avoir soutenu que les Français avaient un goût prononcé pour la soupe et les ragoûts faits de petits Chinois, mets si délicat que le roi et son fils aîné seuls pouvaient en manger. Le gouverneur, homme de progrès, nie ce fait, qu'il n'hésite pas à taxer d'absurde. Mais il cite une autre explication à laquelle il adhère, à savoir, que ce sont les petits Chinois recueillis ou achetés par des missionnaires français qui assurent aux soieries de Lyon la supériorité dont elles jouissent. Qu'on juge des notions que doit avoir sur l'Europe la masse du peuple chinois, lorsqu'on voit, en 1849, un de leurs hommes d'État émettre une pareille opinion !

qui s'en servent ; la poudre impériale brûle, mais n'éclate pas, car elle contient cinq fois plus de charbon qu'il ne faud·ait. Quant aux murs des villes fortifiées et des citadelles, ils tombent partout en ruines. Au reste, les simples soldats des deux partis sont généralement les meilleurs amis du monde, et s'il y a du sang répandu parmi les « mandarins » de deux camps, cela tient à la jalousie de métier, car partout où les uns ont passé, les autres ne trouvent plus rien à piller.

Un pareil laisser-aller de la part des autorités provinciales ne fit qu'accroître le nombre, les ressources et l'audace des insurgés. Nous les trouvons, en août 1850, déjà au nombre de 15,000 hommes, bien organisés et commandés par deux frères Tchang. L'attention du cabinet de Pékin à leur sujet ne fut éveillée que du jour où il a appris que les insurgés avaient franchi les frontières du Kouang-Si et étaient entrés dans le Kouang-Tong. C'est de cette époque que date leur premier acte politique, le manifeste dans lequel ils déclarent vouloir renverser la dynastie régnante, mais sans encore nommer le souverain qu'ils voudraient mettre à la place de Chienn-Feung. Seulement, pour montrer qu'ils ont secoué le joug étranger, ils coupent leurs queues, ne rasent plus leurs cheveux et quittent la tunique et le chapeau conique tartares, pour porter la robe ouverte sur le devant et le bonnet à deux pattes horizontales, en guise de couvertures pour les oreilles, en usage sous la dynastie chinoise des Minn. Le changement de costume équivalut à la déclaration positive d'une guerre à outrance. Le jeune empereur le comprit, et, avec la pétulance ordinaire de son caractère, il décréta immédiatement plusieurs mesures qui, exécutées rapidement et fidèlement. eussent pu étouffer la guerre civile. Mais il fut mal secondé et par la fortune et par ses serviteurs.

Le vieux Linn-Tsé-Siu, auteur de la guerre des Anglais, nommé généralissime contre les rebelles, à l'âge de soixante-dix ans, mourut en chemin, de fatigue et des soucis du commandement, sans avoir même atteint les limites du Kouang-Si. Il fut remplacé par un nommé Li, auquel l'empereur adjoignit pour second le dignitaire Tchang, qui s'était rendu célèbre par ses cruautés contre les fumeurs d'opium, dans le Hou-Nann, pendant qu'il en était, en 1839-1840, gouverneur général. Ces deux hommes, mal secondés par leurs subordonnés et par Siu-Kouang-Tsinn, le vice-roi de Canton, qui n'envoya point son contingent tout entier, ne firent qu'irriter davantage les rebelles par des actes impolitiques, et poussèrent des populations entières à embrasser la cause de la révolte.

A la fin de 1850, l'insurrection se sentit assez forte dans le Kouang Si pour oser élire un empereur national. Un des chefs fut déclaré « fils du ciel, » endossa la robe jaune et s'annonça à la Chine, dans une proclamation, comme descendant de l'ancienne dynastie des Minn; et il prit pour nom symbolique de son futur règne les mots de *Tienn-Té*, vertu céleste, ou plutôt « pouvoir supérieur donné par le ciel et auquel rien ne résiste. » Le « Roi des rois » s'empressa de former sa cour et son gouvernement. Le nommé Hong fut nommé roi feudataire de l'est; Yang, roi de l'ouest; Feung, roi du sud, et Wei, roi du nord. Tsin fut créé ministre des finances, avec le titre de roi feudataire de l'aile gauche; et Ché, ministre de l'intérieur, avec le titre de roi feudataire de l'aile droite. La guerre civile fut solennellement déclarée, et la Chine compta désormais deux souverains fils du ciel.

V.

Lorsque les commissaires Li et Tchang virent que l'insurrection s'était choisi un empereur et qu'elle devenait tout à fait un soulèvement national, ils prirent, mais en vain, quelques vigoureuses mesures. Le gouvernement de Pékin perdit encore de son prestige par la tentative d'assassinat dont l'empereur fut l'objet en juillet 1851. Peu après, les rebelles s'emparèrent de Yong-Ngann, cité importante qui commande le point de jonction du Kouang-Si avec le Hou-Nann au nord et le Kouang-Tong au sud-est. Tien-Té s'y établit avec toute sa cour improvisée, et ce fut la première ville que l'insurrection occupa et retint à cause de sa position stratégique. Après cet échec, le vieux commissaire Li demanda son congé; l'empereur le lui accorda et envoya à sa place dans le Kouang-Si son premier ministre lui-même, Sai-Chang-A, en lui donnant pour lieutenant Siu-Kouang-Tsinn, vice-roi de Canton et soi-disant vainqueur des Barbares. Le premier ministre eut à sa disposition toutes les ressources possibles, et surtout de l'argent, dont il usa si bien qu'au 1er juillet 1852 l'insurrection coûtait déjà, suivant le *Moniteur de Pékin*, 228 millions de francs, puisés en grande partie dans la cassette particulière que les empereurs de la dynastie actuelle gardent à Moukden,

capitale de la Mantchourie. La moitié de cette somme
bien employée eût certainement suffi pour mettre fin
à l'insurrection, et pour acheter les chefs des rebelles
et Tien-Tó tout le premier; mais les mandarins ne
jugèrent pas à propos de mettre un terme à leurs ra-
pines, et on peut affirmer qu'un dixième de cette
somme n'arriva jamais à sa destination. Une faible
partie cependant servit à augmenter les troupes impériales et à leur fournir des vivres et des armes. Le
chef-lieu du Kouang-Si, la ville de Kouei-Linn, deux
fois attaquée par les rebelles, fut vigoureusement dé-
fendue par le général Chiang-Yong, et resta au pouvoir des impériaux.

Le premier ministre Sai-Chang-A opérant au nord,
et le vice-roi de Canton agissant au sud, les insurgés et leurs chefs furent cernés dans Yong-Ngann.
L'armée impériale se trouvait quatre fois plus nombreuse et il lui suffisait de quelques précautions pour
affamer les révoltés et les obliger à se rendre à dis-
crétion. L'incurie des mandarins laissa échapper cette
occasion. Les insurgés, pressés par la faim et la discorde, se décidèrent à faire une sortie ; et une nuit,
par un temps d'orage, ils commencèrent à évacuer la
ville. Un seul de leurs partis fut attaqué par les troupes
impériales et mis en déroute.

Parmi les prisonniers se trouva le premier prétendant Tien-Tó lui-même. Envoyé à Pékin, il y fut solennellement exécuté. Son cadavre mutilé fut brûlé et
ses cendres jetées au vent.

Mais la déroute de la première bande sauva les
deux autres, qui, se voyant coupées des montagnes
du sud-ouest et du sud, de même que des districts
du Kouang-Tong avoisinant la mer, se dirigèrent à

marches forcées vers le nord-est, pénétrèrent dans le Hou-Nann et opérèrent leur jonction avec les nombreux mécontents et les révolutionnaires de cette province. La guerre civile changea de théâtre et se développa rapidement. Depuis vingt-deux mois que durait l'insurrection, le Hou-Nann était constamment le quartier général du généralissime de l'armée impériale ; c'est-à-dire que cette malheureuse province était depuis vingt-deux mois en proie aux exactions et à la tyrannie affreuse des mandarins. Aussi les populations reçurent-elles les insurgés comme leurs libérateurs.

Par ce mouvement rapide vers le nord, les rebelles tournèrent l'armée impériale et se portèrent vers le cœur de l'empire, bien que toujours placés entre deux feux et exposés aux attaques des troupes cantonnées à Tchang-Cha et à Kouei-Linn.

Les révolutionnaires du Hou Nann, tout en s'insurgeant, se refusaient à reconnaître le gouvernement agissant au nom de Tien-Té. Un peu d'habileté eût profité de cette discorde pour anéantir les rebelles. Sai-Chang-A et Siu-Kouang-Tsinn, l'un Tartare, l'autre Chinois, bien que tous les deux chefs de parti ultrachinois et antieuropéen, étaient fort jaloux l'un de l'autre, et rien n'est plus curieux, plus instructif que les mémoriaux que ces deux dignitaires déposaient au pied du trône de leur maître pour s'accuser réciproquement. Dans cette lutte d'astuce et de lâcheté, la palme resta à Siu. Évidemment, le Tartare ne valait pas le fils de Han (le Chinois). Comme c'est du côté du nord, commandé par Sai, que s'échappèrent les deux corps rebelles, ce fut lui qui dut être sacrifié. Il fut dégradé et vit ses biens confisqués. Son collègue, et tout récemment son rival, Siu, resta seul commissaire impérial.

Mais la tâche était déjà au-dessus de ses forces. Les insurgés, secondés par les populations et bien servis par leur artillerie légère, opéraient des mouvements rapides qui les rendaient maîtres des plus riches provinces.

Le Hou-Nann, couvert au sud par des montagnes, possède dans sa partie nord-est le plus grand lac de la Chine, le Tong-Tinn, qui a environ 220 milles de circonférence. A ce lac couvert de jonques, comme une Méditerrande, aboutissent au sud deux grandes rivières, le Siang et le Youen, qui, par leurs affluents et les canaux, divisent la province en milliers d'îles. En outre, à l'extrémité nord-est, le grand fleuve fils de l'Océan (Yang-Tsé-Kiang) mêle dans son cours ses eaux à celles du lac. A ce point de jonction se trouve la ville de Yo-Tchéou, chef-lieu d'une préfecture de ce nom, et l'angle nord-ouest de l'admirable vallée du Yang-Tsé-Kiang, qui s'étend jusqu'à la mer. C'est cette ville que les impériaux auraient dû défendre à tout prix.

L'empereur Chienn-Feung, dès lors tout entier aux soins qu'exigeait l'insurrection, donnait ordres sur ordres à ses généraux « de vaincre ou de mourir. » Mais le généralissime Siu arrivait partout trop tard, furieux contre « les bandits, » qu'ils n'eussent point suivi la route qu'il leur croyait « préférable » pour les y atteindre.

A cette époque de la guerre, les insurgés prouvèrent qu'ils avaient dans leur camp un chef habile, comme capitaine et comme homme d'État. Réunis au nombre de 10 à 12,000 hommes déterminés, pour-

vus d'une artillerie supérieure à celle de leurs adver-
saires, ils n'avaient qu'à persister dans leur attaque
contre Tchang-Cha, capitale du Hou-Nann, et en
l'emportant ils fussent devenus maîtres des trésors
considérables amassés par les mandarins. mais dont la
possession eût causé leur ruine. Cette prise les eût
retenus et empêchés de marcher vers le Grand-
Fleuve.

En proie aux divisions et aux jalousies intestines,
surtout après l'exécution de celui qui, le premier,
avait joué le rôle de Tien-Té, tous les autres chefs
convinrent de tenir cachée à la masse des insurgés et
à la Chine tout entière la mort de leur premier chef.
Le palanquin impérial, de couleur jaune, orné de dra-
gons entrelacés et porté par seize officiers, continua de
suivre le corps principal de l'armée nationale. Mais il
resta toujours soigneusement fermé. On prétexta de la
nécessité de pourvoir bientôt à la réorganisation civile
et politique de l'empire, pour dispenser « Sa Majesté
« de se mettre à la tête des vaillantes légions, foudres
« de guerre, contre les sauvages des steppes (les Mant-
« chous), messagers de bonheur inaltérable pour la race
« aux cheveux noirs (les Chinois). » Ce fut donc le nommé Hong-Siu-Tsiouenn qui devint le mandataire en
chef *visible* du Fils du ciel *invisible*, mais il conserva
son *simple* titre de « Roi de paix éternelle. » Pré-
voyant avec une rare sagacité que si la fortune lui
permettait d'atteindre le « fleuve Fils-de-l'Océan » et
de le descendre pour se porter vers le nord-est, il
pourrait se trouver un jour à la merci des Européens,
dont un seul moment d'humeur suffirait pour anéantir tous ses plans de grandeur future, il se souvint à
propos que, pendant son séjour dans les environs de

Canton, il avait passé pour disciple du célèbre Prussien le docteur Gutzlaff, ministre protestant et secrétaire-interprète du gouvernement anglais à Hong-Kong. Il jugea donc utile de se donner une teinte mystique et religieuse qui ferait penser que les pieuses exhortations du savant « apôtre fonctionnaire » n'étaient point tombées « sur un terrain stérile. » Dès ce moment il inonda la Chine de proclamations pleines d'onction mystique, et où l'expression de Chang-Ti se trouvait assez souvent jointe constamment « aux droits que chaque province en particulier avait à sauvegarder. »

Pour juger de l'habileté de pareils manifestes, il faut savoir que depuis bientôt cinq ans tous les ministres protestants en Chine sont divisés au sujet des caractères chinois devant servir à rendre le mot *Dieu*. Les Américains semblent tous opter pour le mot *Chenn*, qui s'applique à près de trois cents dieux, demi-dieux, génies et esprits. Les Anglais prétendent qu'il vaut mieux employer le mot *Chang-Ti*, qui, il y a 4,000 ans, pouvait en effet signifier l'*Être-Suprême*, mais qui, plus tard, devint l'expression favorite des sectaires de la raison suprême, et fut appliqué à plusieurs êtres fabuleux. Il arriva que le *Chang-Ti* employé dans les appels au peuple chinois par « le roi de paix éternelle » fit beaucoup espérer à la communauté anglaise que l'insurrection était un mouvement chrétien-protestant, et rendit l'idée d'une intervention contre les rebelles peu populaire. Cette expression fit aussi réfléchir les catholiques, assez nombreux dans la Chine centrale, et les amena à rester neutres. Le mot *Chang-Ti* flatta en même temps les sectaires de la raison suprême, en leur faisant croire que le chef était réelle-

ment de leur secte. Les lettrés eurent surtout lieu d'être
satisfaits en voyant l'insurrection prendre la voie de la
pure doctrine, c'est-à-dire de la philosophie chinoise,
qui n'a besoin d'aucun Dieu, sinon de la Raison-or-
gueil. Pour affermir les lettrés dans cette idée, le « roi
de paix éternelle » fit brûler les couvents de bonzes et
les pagodes : c'est qu'il eut besoin de leurs richesses.
Quant « aux droits des provinces, » ce fut un leurre jeté
aux ambitions des chefs des insurrections partielles,
dont le nouveau chef suprême ne pouvait se passer.

Cette habile manœuvre stratégique et politique fut-
elle l'œuvre d'un seul ? doit-on l'attribuer au roi de
paix éternelle ? ou celui-ci fut-il aidé par d'autres chefs
de l'insurrection ? C'est ce qu'il est difficile d'affirmer.
Nous remarquerons seulement que cette habileté coïn-
cida avec l'arrivée au camp des insurgés de l'ancien démagogue de Canton, de Tsienn-Kiang, dont nous avons
déjà parlé.

Cependant le vice-roi de Canton, Siu, désobéit encore une fois à son « saint maître. » Il ne sut ni
vaincre ni mourir. Les insurgés prirent d'assaut en
décembre dernier la ville de Yo-Tchéou, après une bataille très-meurtrière, et devinrent ainsi les maîtres
du cours du « fleuve Fils-de-l'Océan, » grande artère
qui traverse la Chine dans toute sa largeur. Leur
course ne fut plus dès lors qu'une suite de triomphes.

A partir du point où le « fleuve Fils-de-l'Océan »
(Yang-Tsé-Kiang), arrivant du nord-ouest, touche au
lac Tong-Tinn et baigne les murs de Yo-Tchéou, il
change subitement sa course et coule dans la direc-
tion du nord-est. Il traverse une série de lacs d'une
contrée fertile et pittoresque, et arrive, à environ 45
lieues plus loin, à la capitale de la province du Hou-

Pé, dont il forme en quelque sorte le faubourg flottant.

Ce lieu, connu en Chine sous le nom de port Hann, est extrêmement remarquable. Le grand fleuve, qui est encore éloigné de son embouchure dans la mer Jaune d'environ 800 milles, reçoit dans cet endroit les eaux de la rivière Hann et forme alors un port intérieur d'une lieue d'étendue et ayant assez de profondeur pour porter des frégates de 80 canons. Sur la rive droite du fleuve se trouve la ville de Ou-Tchang, capitale de la province : sur la rive gauche est sise la ville de Hann-Yang, chef-lieu d'une préfecture ; les deux bords de la rivière sont couverts par le faubourg Hann-Kéou ; et au milieu de ces trois villes on voit s'élever une forêt de mâts de jonques du plus fort tonnage, dont le nombre est rarement inférieur à dix mille, outre une quantité infinie de petits bateaux. La population agglomérée sur ce point peut être évaluée à six ou sept millions d'âmes. C'est le centre de tout le commerce intérieur de la Chine.

La prise de cette position devait procurer à l'insurrection des ressources inépuisables en hommes, en vivres et en provisions de toute espèce, et la rendre maîtresse de tout le commerce intérieur des provinces que baigne le grand fleuve. A l'aide des flotilles, les rebelles arriveraient aisément dans toutes les villes riveraines, dépourvues d'ailleurs d'armes et de défenseurs. Le gouvernement de Pékin et ses mandarins rendirent certains, par leur imprévoyance, tous ces succès.

C'est le 27 janvier dernier que le port Hann devint la proie des insurgés, après un épouvantable massacre. Siu, bien qu'arrivé trop tard, voulut livrer bataille, et ne fit qu'envoyer à la boucherie ses malheu-

reuses recrues. L'insurrection gagna du même coup
un riche butin et trente à quarante mille matelots oi-
sifs et affamés.

Une telle suite de honteuses défaites fixa enfin l'attention de l'empereur Chienn-Feung sur l'impéritie
de son commissaire Siu; il le dégrada, confisqua tous
ses immenses biens, le manda à Pékin, et lui envoya
« le cordonnet jaune, afin que la terre ne fût plus
souillée de son ingratitude. »

Siu en fit-il usage en s'étranglant lui-même pour
obéir à « son saint maître, » ou réussit-il à y échapper,
et passa-t-il sans bruit dans le camp des rebelles?
c'est ce qu'il est impossible de savoir au juste, au milieu des nouvelles qui se croisent, et de proclamations
officielles de deux camps qui s'accusent mutuellement
de fausseté. Si Siu a rejoint les rebelles, il n'a fait
que couronner son œuvre de trahison avec la dynastie
tartare; et, s'il est mort, il a expié ses crimes, les
insultes prodiguées aux étrangers et l'assassinat du
brave Amaral, le gouverneur de Macao.

Nous passons sous silence toute la collection d'appels au peuple, de décrets suprêmes de l'empereur
Chienn-Feung et d'une foule de rois insurgés, le nom
de Tien-Té ayant pour un instant disparu.

Après la prise du port Hann et le carnage qui s'en-
suivit, les rebelles, au nombre d'environ 80,000 hommes, descendirent le grand fleuve sous le commandement du roi de paix éternelle et de ses quatre collè-
gues. Le fleuve Fils-de-l'Océan, après avoir décrit une
courbe, entre dans la province du Kiang-Si, y court
pendant quelque temps droit à l'est et traverse toute
la province du Ngann-Houei, pour arriver dans le
Kiang-Sou, à Nankin, siége actuel de l'insurrection.

Cinq villes de préfectures et une de district tombèrent encore au pouvoir des insurgés et furent ensuite abandonnées au pillage.

Les rebelles furent du port Hann à Nankin en un mois, et, vers le 8 mars dernier, ils se trouvaient dans les environs de l'ancienne capitale de l'empire du Milieu.

A dater de ce moment, l'insurrection entra dans une phase toute nouvelle. Aussi longtemps qu'elle n'eut point franchi les limites de deux vice-royautés, celle des deux Kouang et celle des deux Hou, elle pouvait passer à la rigueur pour un soulèvement, non point national, comme les chefs insurgés ont toujours voulu le faire croire, mais pour un soulèvement local des quatre provinces où elle prit origine, et qu'elle venait de traverser. A ce titre, elle trouvait tout naturellement les populations non-seulement peu hostiles, mais plutôt favorables au mouvement qui les faisait sortir de leur torpeur et de leur misère.

Il en fut tout autrement du jour où l'insurrection entra les armes à la main dans la vice-royauté des deux Kiang, dont Nankin est le chef-lieu. Les populations riches, paisibles et industrieuses de ces provinces, voyant leur tranquillité et leur commerce avec l'Occident menacés, ne purent voir d'un œil impassible l'arrivée d'une armée, qui, tout en étant composée de patriotes, n'en constituait pas moins pour elles une véritable invasion. Les insurgés durent donc dès ce moment compter sur eux-mêmes et sur les renforts qui leur arriveraient du sud. Les populations des contrées envahies restèrent neutres au milieu de deux camps qui se disputent les riches produits de l'agriculture et de l'industrie du Kiang-Nann.

En outre, du moment où les rebelles parurent devant les murs de Nankin, ils se trouvèrent en contact presque immédiat avec les étrangers de différentes nations, dont les représentants s'empressèrent de se rendre à Shang-Haï, port de mer des provinces devenues le nouveau théâtre de la guerre civile.

VI.

L'arrivée de l'insurrection devant les murs de Nankin, l'influence que l'occupation de cette ville et de ses environs, par tel ou tel des deux partis combattants, doit nécessairement avoir sur les destinées do l'empire tout entier, et, enfin, le rôle prédominant de ces lieux dans les rapports de l'Occident avec l'extrême Orient, nous font un devoir de nous arrêter un instant dans notre récit pour donner une idée exacte d'une contrée qui, d'ici à dix ans, ne préoccupera peut-être pas moins l'Europe que la Turquie ne le fait aujourd'hui.

Qu'on se figure une croix aux bras recourbés, de différentes longueurs. Le bras de l'est à l'ouest sera le fleuve Fils-de-l'Océan (Yang-Tsé-Kiang) depuis Shang-Haï jusqu'au port Hann ; le bras du sud au nord sera le grand canal impérial, du point où il commence à Hang-Tchéou jusqu'à Pékin (1). Au point où ces deux

____

(1) Nous n'établissons ainsi ces quatre points cardinaux que pour faciliter la compréhension du sujet, car Shang-Haï est situé à environ 10 lieues de l'embouchure du fleuve, sur la rive gauche de la rivière Houang-Pou, qui se jette dans le fleuve; et le canal impérial ne va que jusqu'à Tong-Tchéou, à 4 lieues de Pékin.

lignes s'entre-croisent est la ville de Tchen-Kiang, sise sur la rive droite du fleuve et sur la rive gauche du grand canal. Un petit steamer, parti de ce centre, serait, en remontant le fleuve, en six heures à Nankin, en cinquante-deux au port Hann; il arriverait, en descendant le fleuve, en quinze heures à Shang-Haï; en se dirigeant au nord par le canal, il atteindrait Pékin en trois jours, et, s'il se dirigeait vers le sud, il serait à Hang-Tchéou, chef-lieu du Tché-Kiang, dans vingt-quatre heures.

La contrée sise de deux côtés du grand fleuve et du grand canal comprend la plus grande partie des six provinces : Kiang-Sou, Ngann-Houei, Hou-Pé, Kiang-Si, Fo-Kien et Tché-Kiang. Il y a dans cette région trois fois autant de fleuves, de rivières et de canaux, qu'il y a, toute proportion gardée, de rues à Paris; le nombre de lacs qui s'y trouve excède certainement la quantité de nos places; et à chaque monument public que nous admirons ici, correspond là-bas une ville d'au moins 100,000 habitants.

Ajoutons qu'il n'y a pas de pays plus riche au monde, plus capable de se suffire à lui-même, et d'alimenter une grande exportation : deux récoltes par an, le plus beau riz, les thés et les soies de qualité supérieure et en quantités immenses, du coton, de la laine, de la porcelaine, du vernis, de la cire végétale et du suif végétal, sans compter d'autres produits aussi nombreux que ceux des pays les plus fertiles de l'Europe.

Cette contrée, grâce à ses frontières naturelles, pourrait former un empire à part; la mer la borne à l'est; le fleuve Jaune, un lac et la rivière Houei, au nord et au nord-ouest; le fleuve Fils de-l'Océan et la ri-vivière Siang, à l'ouest; des chaînes de montagnes, au sud. Deux fois grande comme la France, cette région aurait une population de 130 à 140 millions d'âmes, et des communications fluviales sans interruption et dans toutes les directions. Les Chinois, exercés et bien commandés, feraient de très-bons soldats; et les populations maritimes du Fo-Kien et du Tché-Kiang fourniraient d'excellents marins; *et l'on ne peut dire quel accroissement de puissance et de richesse la possession de ces pays apporterait à la nation occidentale qui saurait s'en rendre maîtresse.*

Revenant à l'insurrection, nous ajouterons que la Chine de Pékin est aussi pauvre que la Chine de Nankin est riche, et qu'elle ne saurait se passer du tribut de riz et de grains qui lui est expédié annuellement des provinces de la Chine centrale par le fleuve Fils-de-l'Océan, jusqu'à Tchenn-Kiang, et de là soit par le canal impérial, soit par la mer Jaune et par l'intermédiaire de Shang-Haï. On comprendra alors de quelle importance stratégique, politique et commerciale est pour les deux partis, impérial mantchou, et le soi-disant national, la possession de la ville forte de Tchenn-Kiang. véritable clef de la Chine centrale, et maîtresse de toutes les communications. Quant à Nankin (1), ancienne capitale de l'empire sous les premiers empereurs de la dynastie des Minn, dont elle renferme les tombeaux, la prise de cette ville, foyer des lumières, des lettres, du luxe, de l'industrie, doit être sans prix pour les insurgés qui prétendent descendre des Minn, et qui veulent faire revivre tous les grands et beaux

---

(1) Depuis que la dynastie mantchoue règne sur la Chine, Nankin a cessé de s'appeler ainsi, *capitale du sud;* dans le style officiel, cette ville s'appelle maintenant Kiang-Ning.

souvenirs de la Chine depuis quatre mille ans. Aussi les autorités impériales ont-elles consacré tous leurs efforts à la défense de Nankin.

Nous nous souviendrons toujours de quel ton dédaigneux l'intendant actuel de Shang-Haï répondit, il y a un an, à un consul étranger qui lui démontrait la nécessité, pour le gouvernement de Pékin, de se concilier les puissances occidentales, dans le cas où l'insurrection du Kouang-Si prendrait de grandes proportions et menacerait son existence. Or, la première demande de secours adressée de la part du gouvernement actuel aux *barbares* fut faite précisément par ce même personnage, Cantonnais, Marchand Haniste, décoré aujourd'hui du bouton bleu saphir, et plus remarquable encore par sa haine pour les étrangers.

Dans ses dépêches et ses entrevues en mars dernier avec M Alcock, consul anglais à Shang-Haï, l'intendant Ou demanda l'intervention des *nobles étrangers* contre les bandits, et notamment l'envoi des steamers à Nankin pour retenir cette ville au pouvoir des impériaux et « effacer de la terre jusqu'à la trace des misérables *qui empêchaient le commerce de se faire paisiblement*. » Il lui fut répondu que, d'après les ordres de sir George Bonham, plénipotentiaire britannique, les forces navales anglaises resteraient absolument neutres jusqu'au moment où les insurgés attaqueraient, non pas la ville chinoise murée de Shang - Haï , mais la ville européenne bâtie au dehors.

L'intendant Ou se tourna d'un autre côté. Il acheta à la maison américaine Russell et compagnie, dont les deux chefs sont consuls des Etats-Unis à Shang-

Haï et Canton, un navire, *la Science*, le fit armer,
lui adjoignit plusieurs lorchas de Macao et les envoya à Tcheun-Kiang et Nankin, pendant que le vice-
roi des deux Kiang, le dignitaire Lou, faisait tous ses
préparatifs pour opposer la plus vive résistance à l'armée envahissante.

La ville de Nankin est sise sur la rive droite du
fleuve, à une lieue environ de ses bords ; mais elle
communique avec lui par un large canal. Les restes
des anciennes murailles font croire qu'il y a 400 ans
la ville avait environ dix lieues de circonférence. Le
mur d'enceinte d'aujourd'hui n'en a pas trois, et de
cet espace un cinquième à peine est couvert de mai-
sons. Le reste consiste en jardins potagers, champs de
riz et marais fétides. La population ne dépasse pas
500,000 habitants. A l'ouest de la ville s'étend une
chaîne de collines couvertes de bois qui dominent entièrement la ville, pendant que le faubourg nord-est
n'est éloigné du fleuve que de 7 à 800 pas. La ville
habitée est divisée en partie tartare, une sorte de ci-
tadelle et la partie chinoise.

On voit que l'étendue seule de l'ancienne capitale
la rend aisée à prendre. Aussi, du moment où les rebelles, en imitant l'attaque des Anglais en 1842,
réussirent à s'emparer des collines de l'ouest, la ville
fut à leur merci.

Elle fut prise pour la première fois le 31 mars dernier. Quelques jours avant cet échec, le gouverneur
du Kiang-Sou réitéra aux représentants étrangers la
demande déjà faite par l'intendant de Shang-Haï ; et,
en dernier lieu, ce fut le vice-roi de Nankin lui-même
qui demanda du secours. Mais aucune de ces trois
dépêches ne pouvait avoir de valeur aux yeux des plé-

nipotentiaires de l'Occident. L'empereur Chienn-Foung n'y était même pas mentionné ; aucun des trois dignitaires n'était revêtu de la dignité de commissaire impérial, et la rédaction des dépêches était entièrement chinoise, c'est-à-dire que les auteurs y parlaient comme s'il se fût agi d'un suzerain convoquant les forces de ses vassaux.

Nankin fut donc abandonné à son sort et pris par les insurgés, avec le vice-roi Lou lui-même. Immédiatement, les rebelles descendirent le fleuve et s'emparèrent, sans coup férir, de la place forte de Tchenn-Kiang, dégarnie de troupes. La perte de cette position est le coup le plus terrible porté à la domination tartare en Chine.

De ce qui précède, s'ensuit-il que la dynastie mantchoue et le gouvernement de Pékin soient dès ce moment à jamais perdus? Nous ne le pensons pas.

Nous avons dit plus haut que les insurgés arrivant dans le Kiang-Nann s'y trouvaient aussi étrangers aux populations que les Tartares ou les Mongols eux-mêmes, les deux éléments principaux dont leur armée se compose, les Cantonnais et les Miao-Tsé, étant aussi odieux aux habitants paisibles de la Chine centrale que les tribus nomades du Kirinn et du Tsi-Tsi-Har de la Mantchourie. Le caractère de l'insurrection est avant tout cantonnais ; c'est une raison pour que les Fokiennois y soient opposés, car entre ces deux races distinctes il existe une haine invétérée.

Les insurgés restent donc seuls au milieu des popu-

lations qu'ils aigrissent constamment par des meur-
tres, des incendies et des exactions de toute espèce,
malgré toutes les proclamations des chefs, soit-disant
rois de paix et princes de mansuétude.

La position des insurgés empirera encore s'ils arrivent à se trouver en contact avec les populations des
pays situés au nord du Grand-Fleuve, c'est-à-dire du
Ho-Nann, du Chann-Tong et des deux Si. Ces peuples, comparativement pauvres, mais courageux, ne
subiront jamais la tyrannie des Cantonnais et des
Miao-Tsé, dont les deux patois leur sont complète-
ment inintelligibles.

L'empereur, enfin, éclairé sur les périls de sa position, a ordonné aux tribus nomades qui habitent sur
les bords du fleuve Amour de descendre en masse
vers le midi. Les Mongols arrivent des déserts de
Gobi; les Ortous, les Kortchinn, les Kalkas et les
troupes tartares stationnées dans le Koko-Nor et dans
le Turkestan oriental ne sauraient tarder et forme-
ront une armée puissante.

Ces hordes sont une ressource peut-être décisive,
mais la dernière de la dynastie tartare; et elles portent avec elles de bien grands dangers, à cause de
leur indiscipline et de leur amour du pillage. Si les
autorités impériales et les commandants tartares et
mongols eux-mêmes ne réussissent pas à empêcher le
brigandage, les populations au milieu desquelles ces
féroces auxiliaires auront à passer, les provinces au
nord du grand fleuve se soulèveront à leur tour; le
mouvement deviendrait véritablement *national*, et la
dynastie mantchoue serait perdue sans retour. Mais
nous voyons que Chienn-Feung déploie une sévérité
extraordinaire contre les pillards; car plusieurs com-

mandants tartares ont subi la peine de mort pour les exactions dont leurs troupes s'étaient rendues coupables. Il est donc possible que ce danger soit évité.

D'un autre côté, l'intendant Ou, très au courant des ressources de la civilisation occidentale, a déployé une grande activité ; il a frété plusieurs bâtiments étrangers, américains surtout, et il devait les expédier dans le haut du Yang-Tsé-Kiang, au mois de mai dernier.

Le nouveau commissaire impérial et généralissime Chiang-Yong (car Ki-Chann vient d'être dégradé pour la troisième fois depuis douze ans) paraissait être à la hauteur de la tâche qui lui était imposée. La réunion de son corps d'armée stationné au nord-ouest de Nankin, aux hordes mongoles et tartares, arrivant directement du nord, et aux bâtiments frétés par Ou qui remontent le fleuve du côté de l'est, peut constituer une armée à laquelle les insurgés résisteront difficilement.

Les rebelles n'ont pas dû demeurer inactifs ; encouragés par le succès et avides de nouveau butin, ils ont dû augmenter leurs troupes auxquelles leur artillerie nombreuse et bien employée donne une incontestable supériorité sur les impériaux, qui en sont presque dépourvus.

Il est plus que probable que la première malle de Chine nous apportera la nouvelle de quelque événement décisif. Si l'armée impériale est victorieuse et reprend Nankin et Tchenn-Kiang, l'armée des insurgés ne saurait se maintenir dans son état actuel. Elle se débandera et sera massacrée par fractions, ses soldats étant aisément reconnaissables, à cause de leurs queues coupées.

Mais si les insurgés, fortifiés comme ils le sont dans ces deux villes, réussissent à résister, s'ils se maintiennent sur le grand fleuve, et s'ils ne s'aventurent pas dans les pays situés au nord, s'occupant d'organiser un simulacre de gouvernement, l'empereur Chienn-Feung, ses fonctionnaires, ses Tartares, ses Mongols, et même ses sujets chinois de l'extrémité nord-est de l'Empire seront affamés au bout de deux mois. Le Fils du ciel, Mantchou, n'aura qu'à se retirer dans le Leao-Tong, plus tard sur les bords de l'Amour, et finira par laisser la Chine abandonnée à ell-même.

Qu'arrivera-t-il alors? L'insurrection, telle qu'elle est aujourd'hui, avec ses éléments prédominants, tous deux aussi antichinois qu'opposés aux Tartares, et surtout antieuropéens, ne saurait constituer un gouvernement sérieux. Ce pays serait, durant de longues années, le théâtre d'horreurs et de massacres, dont son histoire nous fournit des exemples effrayants. Il n'est pas douteux que, du milieu de ces luttes sanglantes de province à province, il surgirait à la fin quelque homme supérieur qui saurait réunir les éléments épars d'ordre et de force, et fonderait une nouvelle dynastie.

Mais n'oublions pas que la Chine d'aujourd'hui n'est plus l'empire du Milieu du 17e siècle, ni même celui d'avant les traités. En tenant même peu de compte des changements intellectuels qui se sont opérés dans une certaine portion des Chinois à la suite de leur contact avec les autres peuples occidentaux, en Chine comme dans les colonies anglaises, hollandaises, espagnoles et en Amérique, et moyennant aussi le nombre incroyable de livres sur bien des matières, dont les ministres protestants anglais et américains ont littéralement inondé la Chine depuis quinze ans; en tenant même, disons-nous, peu de compte d'une certaine révolution dans les esprits, nous pouvons affirmer qu'à dater de la conclusion des trois traités, la Chine a cessé de s'appartenir, dans le sens le plus large de ce mot. Elle fait désormais partie, bien que forcément et à son corps défendant, de la famille générale de peuples et de nations soumises au droit des gens.

Il faut surtout remarquer que la guerre civile, se prolongeant indéfiniment en Chine, jetterait une grande perturbation dans les affaires commerciales et politiques de l'Angleterre. Le thé y est déjà un élément aussi essentiel d'alimentation que le vin en France. L'impôt que l'Etat prélève sur ce produit entre pour une part considérable dans les calculs du budget; et l'on sait que le dégrèvement des thés, qui payent encore en Angleterre des droits équivalents à trois fois leur coût primitif en Chine, est un des points principaux du budget proposé par M. Gladstone, comme il l'a été de celui élaboré par le dernier chancelier de l'Echiquier M. Disraeli. Pour équilibrer ce budget, il faut que la quantité de thés importés dépasse de beaucoup celle des années précédentes Or, les troubles de la Chine auront pour conséquence immédiate la diminution de ce produit sur les marchés de Liverpool et de Londres, où le thé, malgré un très-grand approvisionnement a déjà subi une hausse considérable. Il en est de même de la soie que la Chine fournit à l'Angleterre pour des sommes énormes.

Aussi longtemps quo les Chinois se battront, ils n'auront pas de quoi acheter de l'opium, et cette drogue constitue depuis plusieurs années une des sources les plus importantes de revenu pour la compagnie des Indes orientales, dont le déficit augmente constamment. On peut évaluer à plusieurs centaines de millions de francs le mouvement commercial et maritime de la Chine avec l'Angleterre, les Indes et les autres colonies anglaises. Le gouvernement britannique pourra-t-il rester longtemps spectateur indifférent d'un état de choses qui compromettra à un tel point un des éléments de sa prospérité mercantile ? Ne sera-t-il pas forcé d'intervenir, comme il a été obligé de faire la guerre en 1840-41-42? et l'intervention ayant lieu, contre qui ou pour qui sera-t-elle ? Dans quelles conditions ? Aura-t-elle lieu séparément ou conjointement avec les Etats-Unis ? et quelles en seraient les conséquences pour l'état religieux, politique et commercial de l'extrême Orient ? Quelle en serait l'influence sur l'Europe, qui a tort de ne pas se préoccuper assez de cette riche contrée du globe ?

Quant aux Etats-Unis, ils ne se bornent pas dans ces parages au rôle purement passif, surtout depuis l'exploitation des mines d'or de Californie. Les navires les plus beaux, les plus rapides du monde, les clippers américains sont destinés au commerce de New-York et de Boston avec la Californie, les îles Sandwich et la Chine. A Canton même comme à Shang-Haï, les Américains font une concurrence redoutable aux Anglais et rivalisent avec eux d'activité et d'influence politique. A Shang-Haï surtout, marché principal des thés verts, des soies et des soieries, leur commerce acquiert de très-grandes proportions. L'expédition envoyée des

Etats-Unis contre le Japon témoigne de leur intérêt pour ces parages et prouve qu'ils sont décidés à ne pas occuper le dernier rang dans des pays que la vapeur rapproche de plus en plus de leurs côtes occidentales. Si l'on veut d'ailleurs connaître la pensée intime des Américains, ministres protestants et commerçants, au sujet du rôle qui, suivant eux, est déjà dévolu à la race anglo-saxonne et notamment aux Etats-Unis, qu'on nous permette de citer textuellement la phrase qui termine un travail inséré dans le journal anglais de Shang-Haï et intitulé : « Deux dynasties en agonie et au berceau, » par D. Macgowan, ministre protestant américain.

« Sans aucun doute, les peuples de la Chine préfèrent maintenant le joug des Mantchoux à toute sorte de protection que les nations occidentales seraient à même de leur accorder ; cependant c'est une croyance générale que la destinée a décidé le contraire, et il est tout à fait probable que ceux qui aspirent à gouverner la race aux cheveux noirs (les Chinois) ne dédaigneraient pas la sympathie étrangère, sous quelque forme qu'elle voulût se manifester. Ce qu'il y a de positif, c'est qu'une dynastie nationale ne pourrait pas subsister longtemps en dehors des influences étrangères ; et il n'est pas moins certain que nous voyons s'approcher le moment, *désirable ou regrettable, nous ne le qualifierons pas, où les millions d'habitants de cette partie de l'Asie se tourneront vers Washington pour avoir des conseils, comme ceux des autres parties du continent attendent les ordres de Londres !* »

Nous croyons que cette citation jette une vive lumière sur les complications à venir en Chine, et qu'elle donne beaucoup à réfléchir. A ce titre, nous la recommandons à nos lecteurs.

La position de la Russie en Chine a été l'objet d'un article spécial inséré dans ces colonnes le 18 de ce mois. Nous ajouterons que la guerre civile dâns la Chine centrale affectera les intéré's commerciaux et politiques de la Russie presque autant que ceux de l'Angleterre et des Etats-Unis, et que le czar ne saurait y rester indifférent.

Que la famille tartare régnante s'affermisse sur le trône ou qu'elle disparaisse, la position de la Chine et des puissances occidentales dans les cinq ports ne sera pas moins intéressante ni moins difficile. Si l'insurrection triomphe, nous savons déjà quels seront les difficultés et les embarras qui en surgiront. Si, au contraire, l'empereur Chienn-Feung devient victorieux, le succès ne fera que le rendre plus altier, plus impérieux à l'égard des *barbares*, à qui il ne saurait manquer d'attribuer ses premiers revers et les humiliations de sa race.

Au mois de mars, il fut question de rendre légal le commerce d'opium, moyennant un droit de 40 piastres par caisse. La mesure ne reçut pas la sanction impériale ; mais l'empereur s'en occupa assez pour faire croire qu'il ne serait pas éloigné de l'adopter. Si cette mesure eût été sanctionnée il y a quatorze ans, elle eût eu pour la Chine des résultats incalculables et eût sans doute fait éviter la guerre et ses conséquences. Aujourd'hui encore, son adoption ferait aux Anglais une position toute nouvelle en Chine, à cause surtout de l'encouragement qu'elle donnerait à la culture indigène du pavot. En effet, l'opium bien préparé n'est pas moins bon dans le Kouei-Tchéou, le Youn-Nan, le Ssé-Tchouann et le Kiang-Si, que celui qu'on exporte sous les noms de Patna et de Malwa, de Calcutta et de Bombay.

D'ailleurs, d'après l'article 8 du traité supplémentaire anglais, qui assure à la Grande-Bretagne le traitement de la nation la plus favorisée, et d'après les art. 34 du traité américain et 35 du traité français, le terme de douze ans assigné au premier des traités expire en août 1854. Ce sera le moment d'entamer d'autres négociations reconnues indispensables par tous ceux qui ont vécu en Chine et qui ont été victimes des lacunes dans les dispositions qui régissent les rapports de l'Occident avec l'empire du Milieu. Sur quel pied et de quelle manière Chienn-Feung, s'il règne encore, ou les chefs de l'insurrection, s'ils triomphent, admettront-ils des ouvertures à cet effet ?

En présence de l'issue douteuse des événements qui se passent en Chine, les puissances occidentales ont pris des mesures de précaution, et il y a maintenant à Shang-Haï, sous divers pavillons, cinq bâtiments de guerre, dont quatre à vapeur. Leurs canons et leurs équipages réunis au corps improvisé des résidents étrangers suffisent pour repousser toute attaque.

Quelques étrangers, mus probablement par des sympathies politiques qu'ils ne veulent pas s'avouer à eux-mêmes, font des vœux en faveur du parti soi-disant *national*, persuadés, disent-ils, que les insurgés sont et seront favorables à l'Occident et au christianisme, tandis que le gouvernement de Pékin aurait donné trop de preuves de ses mauvaises dispositions pour qu'on ne soit satisfait des embarras contre lesquels il se débat.

Nous sommes parfaitement du même avis quant à ce qui concerne la mauvaise foi et l'aveuglement de l'empereur Chienn-Feung et de ses conseillers. Mais nous croyons aussi que les insurgés ne nourrissent pas moins une haine invétérée contre tout ce qui vient de l'Occident, à quelque titre que ce soit. Que les insurgés n'aient point jusqu'ici persécuté les chrétiens chinois, la raison en est bien simple : c'est que, dans le Kouang-Si, il n'y en a presque pas, et que, dans leur passage par le Hou-Kouang, les insurgés, poursuivis constamment par les troupes impériales, eurent à peine le temps de se défendre.

A notre avis, quel que soit le parti vainqueur, la question de la présence des barbares dans les quatre nouveaux ports reviendra tôt ou tard, à moins que les plénipotentiaires réunis ne jugent à propos de prendre d'avance des mesures pour parer à toute sorte d'éventualités.

Quant au christianisme, il sera le premier en butte aux haines des deux partis. Si l'empereur est vainqueur, il ne voudra voir aucune différence entre les sectes, et, dans son opinion, le christianisme en est une et des plus dangereuses, puisqu'elle apprend au peuple à ne pas regarder l'empereur de la Chine comme le fils du ciel, c'est-à-dire un demi-dieu. Si ce sont les insurgés qui triomphent, on ne peut oublier la vive opposition que les *lettrés*, et *eux seuls*, ont faite de tout temps au christianisme.

Les plénipotentiaires américains et anglais ont déjà

fait quelques démarches pour se mettre personnelle-
ment au courant de l'état réel des choses à Tcheun-
Kiang et à Nankin. Le colonel Marshall, nouvel envoyé
des Etats-Unis, interprétant le premier *et avec raison*
les dispositions des traités, a voulu délivrer au vice-
roi de Nankin ses lettres de créance, et non pas au
vice-roi de Canton. Il est vrai qu'il choisit un singu-
lier moment, celui où le gouverneur général des deux
Kiang était assiégé dans le chef-lieu de sa juridiction
par les rebelles. Le steamer *Susquehanna*, de la force
du 500 chevaux, remonta le fleuve, mais revint à
Shang-Haï, n'ayant pas trouvé, a-t-on dit, assez de
fond pour son tirant d'eau (bien qu'en 1842 le vais-
seau anglais le *Cornwallis*, de 74 canons, eût remonté
jusqu'à Nankin). Quelques jours plus tard, on répan-
dit à Shang-Haï le bruit que les rebelles, ayant fait le
vice-roi prisonnier, le mirent à mort aussitôt qu'ils
eurent aperçu la fumée du vapeur envoyé, crurent-
ils, à son secours.

D'après les dernières nouvelles, sir George Bonham, gouverneur de Hong-Kong et plénipotentiaire
de Sa Majesté Britannique, accompagné de M. Mea-
dows, interprète, se serait rendu devant Nankin même;
l'interprète aurait pénétré dans la ville et se serait mis
en rapports officieux avec les chefs. Le plénipotentiaire anglais et le commandant du steamer se seraient
ainsi rendu un compte exact de la position et du caractère de l'insurrection.

En remontant et en descendant le fleuve devant
Tcheun-Kiang, le vapeur anglais aurait reçu quelques
boulets partis des murs de la ville. Le vapeur s'empressa de riposter avec une telle vigueur qu'un chef
des rebelles vint immédiatement à bord pour pré-

senter ses excuses pour la *méprise* qui avait eu
lieu.

La situation est grave en Chine, et, quelle que soit
la distance qui nous sépare de ce pays, il est impor-
tant d'en surveiller le mouvement.

EXTRAIT DU MONITEUR UNIVERSEL
des 21, 22, 23, 28, 29 et 30 juillet 1853.

Typographie PANCKOUCKE, rue des Poitevins, 8 et 14.

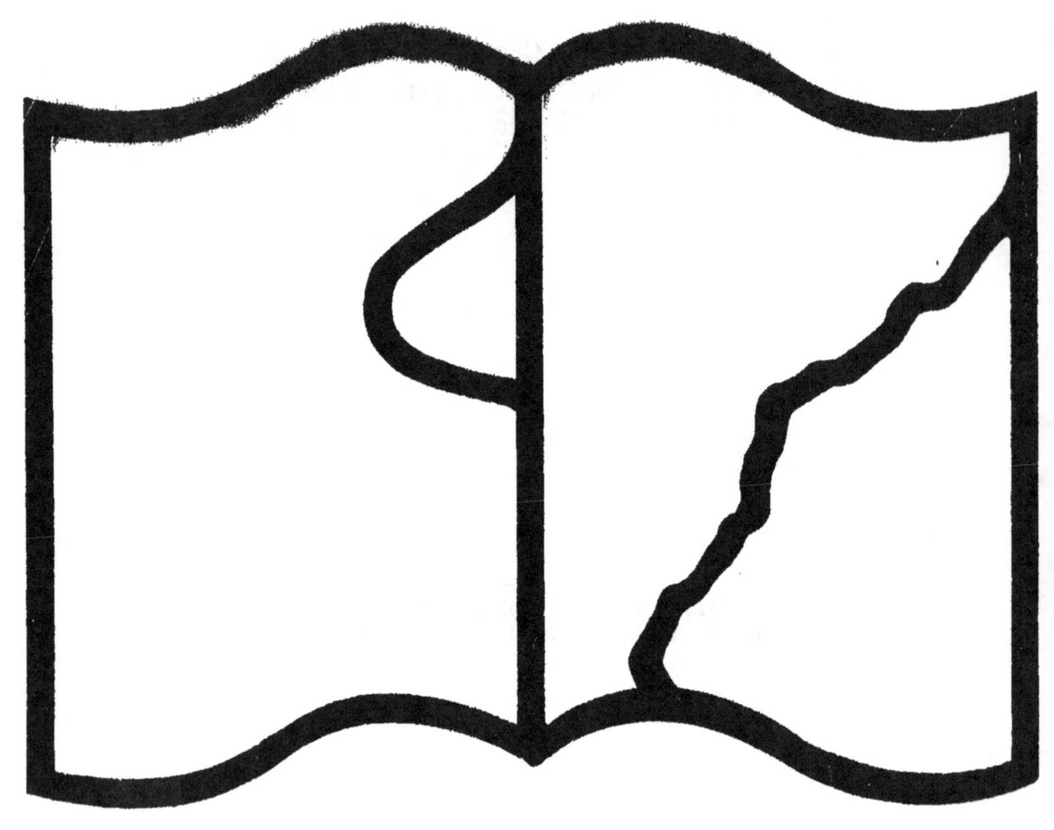

Texte détérioré — reliure défectueuse

NF Z 43-120-11

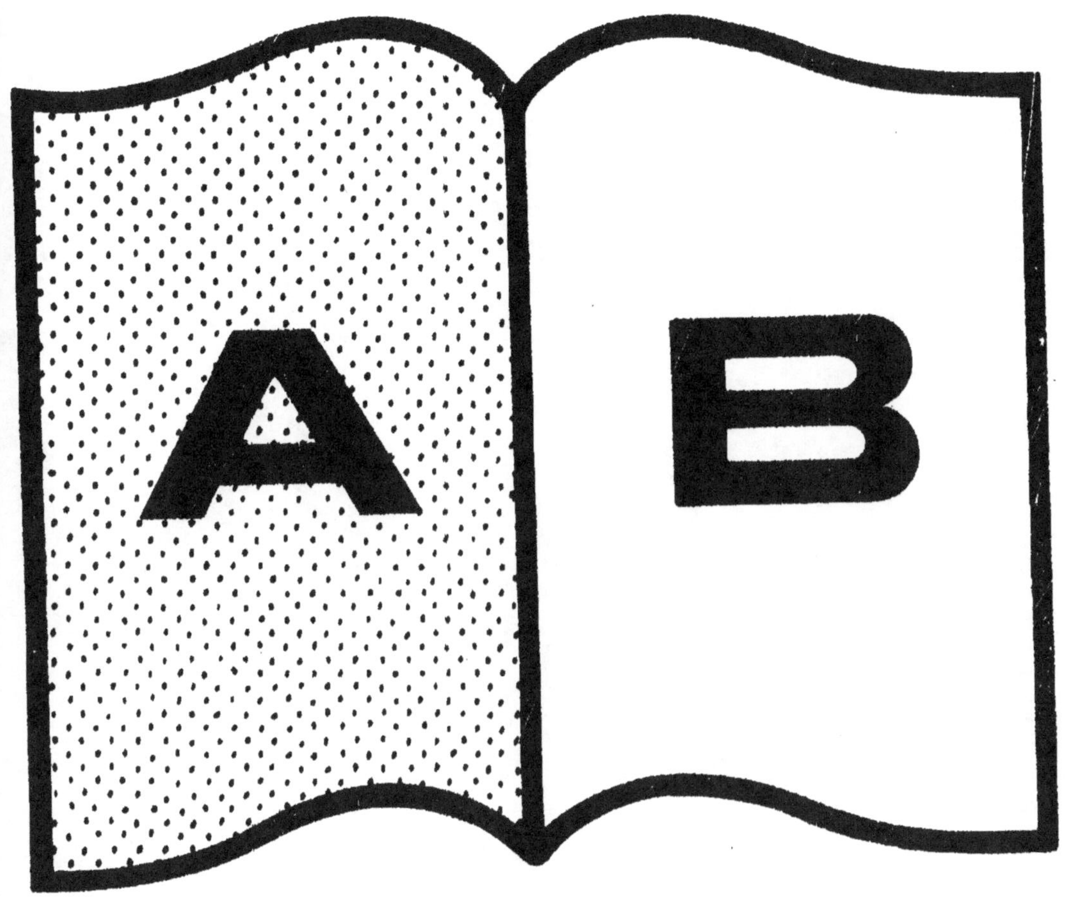

Contraste insuffisant

NF Z 43-120-14